초등 문해력, 교과 어휘부터 해결한다

저자 **김기용**

최근 사회적 이슈가 되는 '문해력'을 어떻게 하면 쉽게 기를 수 있을지 매일 고민합니다. 아이들의 학습과 독서, 문해력 모두 결국 '어휘'로 시작해 '어휘'로 끝난다고 생각합니다. 따라서 효율적인 어휘 공부를 위해 아이들의 수준과 흥미에 적합한 공부 방법이 필요합니다. 〈초등 문해력, 교과 어휘부터 해결한다〉를 통해 모든 공부의 시작인 어휘를 쉽게 배우고 문해력을 향상시키는 데 도움이 되길 바랍니다.

저서 〈초등 문해력, 교과 어휘부터 해결한다 3-1, 3-2〉, 〈초등 공부는 문해력이 전부다〉, 〈초등 저학년 독서습관 만드는 결정적 시기〉, 〈초등 공부, 습관으로 정복하기〉, 〈온작품 읽기: 한 학기 한 권 읽기로 성장하는 아이들〉

• 공샘의 교육블로그: http://blog.naver.com/cutcut8
• 유튜브: 초등교사 공샘TV
• 팟캐스트: 초등주책쇼
• 메일: cutcut8@naver.com

**초등 문해력,
교과 어휘부터 해결한다 3학년 ❶**

지은이 김기용

초판 1쇄 인쇄 2022년 4월 15일
초판 1쇄 발행 2022년 4월 27일

발행인 박효상
편집장 김현
기획·편집 장경희
디자인 임정현
본문·표지 디자인 페이지트리
마케팅 이태호, 이전희
관리 김태옥

종이 월드페이퍼 | **인쇄·제본** 예림인쇄·바인딩 | **출판등록** 제10-1835호
펴낸 곳 사람in | **주소** 04034 서울시 마포구 양화로11길 14-10(서교동) 3F
전화 02) 338-3555(代) | **팩스** 02) 338-3545 | **E-mail** saramin@netsgo.com
Website www.saramin.com

책값은 뒤표지에 있습니다.
파본은 바꾸어 드립니다.

ISBN 978-89-6049-939-3
       978-89-6049-938-6 64710 (세트)

주의사항 종이에 베이거나 긁히지 않도록 조심하세요. 책 모서리가 날카로우니 던지거나 떨어뜨리지 마세요.

우아한 지적만보, 기민한 실사구시 **사람in**

글이 쏙쏙! 공부 재미가 쑥쑥!

초등 문해력, 교과 어휘부터 해결한다

김기용 지음

3학년 ①

사람in
saram
in.com

초등 문해력, 교과 어휘부터 해결하세요!

우리 아이들의 문해력은 안녕한가요? 4차 산업혁명 시대에 사는 우리 아이들에게 문해력의 중요성은 더욱 강조되고 있습니다. 우리에게는 수많은 가공된 정보와 가공되지 않은 정보가 주어집니다. 너무 많은 정보를 모두 이해하기는 어렵고, 나에게 꼭 필요한 정보를 찾아내기도 쉽지 않습니다. 따라서 무수히 많은 정보를 이해하고, 나에게 필요한 정보를 취사선택하여 새롭게 창조하는 4차 산업혁명 시대에는 문해력이 무엇보다 중요합니다. 그렇다면 우리 아이들의 문해력을 향상시켜주기 위해서는 어떻게 해야 할까요?

교육과정이 변화하면서 아이들이 배우는 내용은 점차 줄어들고 쉬워지고 있습니다. 하지만 아이들은 점점 더 공부를 어려워하고, 국가 수준의 학업성취도가 떨어지면서 이에 따라 실질 문맹률(글을 읽고 쓸 수 있지만 정확한 이해는 어려운 수준)은 점차 높아지고 있습니다. 환경적인 측면에서 생각해 보면 아이들은 공부를 더 잘해야 하지만 결과는 정반대입니다. 왜 그럴까요?

여러 원인 중 가장 큰 원인은 '**문해력의 부재**'입니다. 문해력은 글을 읽고 이해하는 능력에 넓게는 자기 생각을 다양한 방식으로 표현하는 것을 포함하는 개념입니다. 또한 공부를 잘하기 위한 독서, 글쓰기, 공책 정리, 규칙적인 습관, 복습 등 모든 조건들을 포함하는 개념이 '문해력'입니다. 요즘 아이들은 교과서를 읽지 않습니다. 읽을 필요가 없기 때문이죠. 친절하게 정리된 내용으로 공부합니다. 떠먹여 주는 공부에 익숙해지니 문장을 스스로 읽을 필요가 없고, 설명만 열심히 듣고 문제를 풀면 됩니다. 배운 내용을 새롭게 정리할 필요도 딱히 없으니 응용력과 표현력도 부족해집니다.

또 다른 원인은 '**부족한 어휘력**'입니다. 글을 읽고 이해할 때 가장 필수적인 요소는 어휘입니다. 이 어휘는 무조건 책만 많이 읽는다고 길러지지 않습니다. 특히 본격적인 학습이 시작되는 초등 3학년의 경우, 각 교과목의 기본 어휘가 향후 어휘 학습의 바탕이 되므로 교과 어휘 학습은 무엇보다 중요합니다. 문해력에 앞서 어휘가 먼저라고 말하는 이유이기도 하지요.

세 번째 원인은 '**떨어지는 학습 자신감**'입니다. 아이들은 다양한 환경에서 친구들과의 실력차가 노출됩니다. 모르는 내용이 많으면 위축되고 아는 내용이 많으면 자신감이 커지기 마련입니다. 부족한 자신감이 누적된 아이들은 학습된 무기력에 빠지기도 합니다. "난 해도 안 돼.", "난 머리가 나빠.", "소용없어." 등 공부에 부정적인 생각을 가지게 됩니다. 첫 단추를 잘 꿰는 것이 중요하기 때문에 아이들이 학습 자신감을 유지할 수 있도록 많은 어휘를 익히고, 대화를 나누고, 문제를 풀고, 글을 써보는 활동이 꼭 필요합니다. 수업 시간에 우리 아이가 어려운 퀴즈를 모두 맞히거나 어려운 어휘로 멋진 글을 써 내려가면 친구들의 칭찬에 자신감이 쑥쑥 자라납니다.

네 번째 원인은 **공부와 거리두기에 최적화된 유튜브, 게임, TV 3형제**입니다. 줄여서 '유게티'라고 말씀드리겠습니다. 우리 아이 문해력을 기르고 싶다면 '유게티'의 자극적인 영상에 노출되는 것과 중독을 최소화해 주세요. 자극적인 어휘와 빠른 전개, 화려한 화면 전환에 익숙해진 아이들은 문해력을 기르기 힘듭니다. '유게티'와 함께할 때 우리 뇌는 아무런 반응을 하지 않는다고 합니다. 한마디로 사고를 하지 않는 거죠. 어휘가 폭발적으로 자라날 시기에 자극이 없다면 뇌 발달에 안 좋은 영향을 미칩니다. 자극적인 영상과 간단한 설명에 익숙해진 아이들에게 하얀색 배경에 까만색으로 쓰인 글씨는 어떤 느낌일까요? 따분하고 재미없겠죠. 글 전체를 다 읽기도 어렵고 읽어도 이해하기는 더욱 어렵죠. '유게티'는 사용 시간을 정해서 정해진 시간만큼만 할 수 있도록 해 주세요.

문해력은 정해진 공식에 숫자를 대입하여 답을 구하는 수학과는 많이 다릅니다. 어휘의 종류, 쓰임새, 문장, 상황에 따라 경우의 수가 무척이나 다양합니다. 문해력에서 가장 중요한 '어휘'는 반복 학습이 꼭 필요합니다. 이 책에서는 단어의 사전적 뜻을 읽고, 응용문제를 풀며 실제 지문에 쓰인 활용 문제까지 학습하면 자연스럽게 3번 반복 학습이 가능합니다. 배운 어휘를 실생활에서 사용하거나 글쓰기 등에 활용한다면 4번, 5번 복습도 가능하죠. 이처럼 학년 수준에 맞는 교과서의 어휘를 다양한 방식으로 풀어보며 우리 아이의 것으로 만든다면 성적의 키워드인 문해력의 기초를 충분히 쌓을 수 있습니다. 재미있게 공부한 어휘를 통해 문해력도 쑥쑥, 자신감도 쑥쑥 길러질 겁니다. 하루에 1챕터씩 20일! 주말을 제외하고 한 달 즈음이면 한 학기 어휘를 모두 정복할 수 있습니다. 아이와 함께 하루에 1챕터씩 풀며 즐거운 어휘 여행을 떠나 보세요.

저자 김기웅

이 책의 차례

국어

국어 활동

이 책의 구성과 특징

 1일 1챕터! 20일 완성 문해력 향상 프로젝트를 시작해 보세요. 꼭 목차 순서대로 공부하지 않아도 괜찮아요. 차례를 보고 그날 그날 원하는 과목, 원하는 주제를 골라 공부해 보세요.

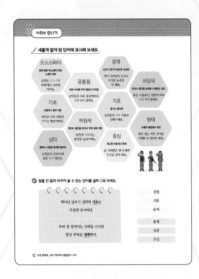

어휘와 만나기

각 장에서 배울 어휘를 미리 만나 보는 코너입니다.
단어의 뜻과 예문을 읽고, 새로 알게 된 단어에 표시도 해 보세요.
단어를 이용한 간단한 문제를 풀며 어휘와 친해질 준비 운동을
해 보세요.

어휘와 친해지기

'어휘와 만나기'에서 살펴본 단어들과 친숙해지기 위한 활용 문제
가 나오는 코너입니다.
앞에서 나온 단어를 쓰면서 의미를 되새겨 보세요.

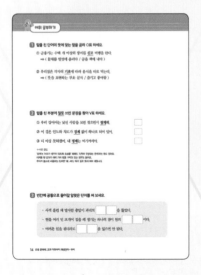

어휘 공부하기

앞에서 배운 단어들이 다양한 문장에서 어떻게 쓰이고 있는지
문제를 통해 확인해 보는 코너입니다.
문제를 풀면서 추가로 알아두면 좋은 단어들에 대한 설명을
'어휘 꿀팁'에 넣었으니 꼭 함께 기억해 두세요.

어휘 확장하기

공부한 단어들이 문장을 넘어 글 속에서는 어떻게 녹여 활용
되고 있는지 알아보는 코너입니다.
앞에 나온 단어들이 들어간 글을 읽고, 글의 이해를 묻는 여러
가지 관련 문제를 풀어 보세요.

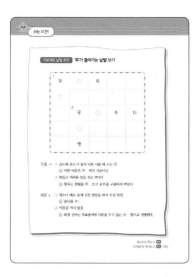

쉬는 시간

낱말 퀴즈 같은 쉬운 퀴즈도 풀고, 사자성어와 관련된 재미있는
이야기도 읽으며 공부에 대한 부담감을 덜어 보세요.

정답과 해설

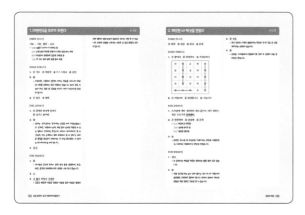

정답과 함께 문제에 나온 다른 단어나 표현들에
대한 설명도 함께 확인해 보세요.

단어 한눈에 보기

각 챕터에 나온 단어를 정리한 코너입니다.
모르는 단어를 확인하고 나만의 단어장을
만들어 보세요.

1

대한민국은 우리가 지킨다

으스스하다

기초

형태

경계

싣다

중심

공통점

쓰임새

차림새

기호

✏️ 새롭게 알게 된 단어에 표시해 보세요.

으스스하다
몸에 닿을 때 소름이 돋는 느낌이 있다
군인은 으스스한 달밤에도 나라를 지켜요.

경계
사고가 생기지 않도록 조심함
적이 나타날지 모르니 경계를 늦추면 안 돼요.

쓰임새
돈이나 물건을 실제로 사용하는 정도
총은 사용하는 사람에 따라 쓰임새가 달라요.

공통점
여럿 사이에 두루 통하고 관계됨
군인들은 모두 용감하다는 공통점이 있어요.

기초
사물이나 일의 기본
뛰어난 사격 실력의 기초는 명상이에요.

기호
즐기고 좋아함
군인들의 기호 식품은 건빵이에요.

차림새
옷이나 물건을 입거나 꾸며 갖춘 모양
군인의 차림새는 반듯한 군복이에요.

형태
사물의 생김새나 모양
멀리 있는 적의 형태를 구별할 수 있어야 해요.

중심
확고한 주관이나 줏대
군 지휘관은 한 부대의 중심을 잡아 줘요.

싣다
물체나 사람을 탈것에 올리다
군인들이 군용차에 짐을 싣고 있어요.

✅ 밑줄 친 말과 바꾸어 쓸 수 있는 단어를 골라 ○표 하세요.

뛰어난 글쓰기 실력의 **기초**는 꾸준한 독서이다.

우리 집 강아지는 산책을 나가면 항상 주변을 **경계**한다.

강점

기본

솜씨

훈계

집중

조심

1 그림을 보고 [보기]에서 알맞은 단어를 골라 빈칸에 써 보세요.

> 보기   기호, 차림새, 싣다, 으스스하다

①

----

②

----

③

----

④

----

2 다음 중 밑줄 친 부분이 **잘못** 쓰인 문장을 고르세요.

① 우리 모두 노란색을 좋아하는 게 **공통점**이야.
② 국어사전의 **쓰임새**는 모르는 단어의 뜻을 알아보는 거야.
③ 미술과 음악은 **공통점**도 있지만 차이점도 많아.
④ 쌍둥이는 서로 닮아 **공통점**이 많아.
⑤ 친구의 **쓰임새**는 같이 소꿉놀이할 수 있다는 점이야.

3 빈칸에 알맞은 단어를 넣어 문장을 완성해 보세요.

① 회장으로서 우리 반의 | ㅈ | ㅅ | 을 잡고 이끌어 줘서 고마워.

② 오늘 입은 옷소매의 | ㅎ | ㅌ | 가 특이하네.

1 밑줄 친 단어의 뜻에 맞는 말을 골라 ○표 하세요.

① 군용기는 수백 개 이상의 장비를 **싣고** 비행을 한다.

➡ (물체를 탈것에 올리다 / 글을 책에 내다)

② 우리집은 각자의 **기호**에 따라 음식을 따로 먹는다.

➡ (뜻을 표현하는 부호·문자 / 즐기고 좋아함)

2 밑줄 친 부분이 잘못 쓰인 문장을 찾아 V표 하세요.

① 우리 강아지는 낯선 사람을 보면 짖으면서 **경계**해. ☐

② 이 길은 인도와 차도가 **경계** 없이 하나로 되어 있어. ☐

③ 더 이상 못하겠어. 내 **경계**는 여기까지야. ☐

❖어휘 꿀팁
'경계'는 '사고가 생기지 않도록 조심함' 외에도 '지역이 구분되는 한계'라는 뜻도 있어요.
이처럼 한 단어가 여러 가지 뜻을 가지고 있는 경우도 많아요.
우리가 평소에 사용하는 단어인 '배, 세다, 차다' 등도 뜻이 여러 개입니다.

3 빈칸에 공통으로 들어갈 알맞은 단어를 써 보세요.

• 사격 훈련 때 발사한 총알이 과녁의 ☐☐을 뚫었다.

• 원을 여러 번 포개어 접을 때 생기는 하나의 점이 원의 ☐☐이다.

• 어려운 일을 겪더라도 ☐☐을 잃으면 안 된다.

1 글의 내용으로 알 수 있는 사실이 <u>아닌</u> 것을 고르세요.

> 내 장래 희망은 군인이다. 군인의 옷차림새는 군복이며, 입대하면 기초 군사 훈련을 받는다. 군대에서는 내 기호 식품인 건빵을 먹을 수도 있다. 매달 정해진 월급을 받으며, 밤에는 야간 경계 근무를 선다. 야간에는 적의 형태 구별이 어려워 비밀암호를 사용한다. 육군, 해군, 공군 모두 나라를 지킨다는 공통점이 있다. 훈련 시에는 장비를 싣고 이동하며 총의 쓰임새는 적군 살상용이다. 부대의 중심은 지휘관이며, 모든 군인은 그 명령에 따라야 한다.

① 군인은 군복을 입는다.
② 매달 정해진 월급을 받는다.
③ 군인은 밤에도 나라를 지킨다.
④ 육군, 해군, 공군은 여러 가지 차이점이 있다.
⑤ 훈련 시에는 장비를 차에 실어 나른다.

2 빈칸에 공통으로 들어갈 한 글자를 써 보세요.

- 훈련 중에는 피아식별띠를 이용해 적을 [ ]에 띄게 한다.

- 군에 입대한 첫날 밤, 집에 있는 강아지가 [ ]에 어렸다.

- 훈련하느라 피곤할 텐데 침대에서 [ ] 좀 붙여.

※피아식별띠: 군대에서 아군과 적군을 구별하기 위해 군모나 군복에 두르는 띠

3 다음과 같은 상황에 쓸 수 있는 속담을 써 보세요.

김철수 병장 이호찬 일병, 체력 측정은 끝났는데 뭐 해?
이호찬 일병 네, 병장님. 오늘 달리기에서 5등급을 받아서 열심히 연습 중입니다.
김철수 병장 으이구, 매일 훈련 끝나고 게임만 하더니. 평소에 열심히 하지 그랬어.
이호찬 일병 그러게 말입니다. 미리 할 걸 후회됩니다.

속담 | ㅅ | ㅇ | ㄱ | 외 | 양 | 간 | ㄱ | ㅊ | ㄷ |

가로세로 낱말 퀴즈   '무'가 들어가는 낱말 쓰기

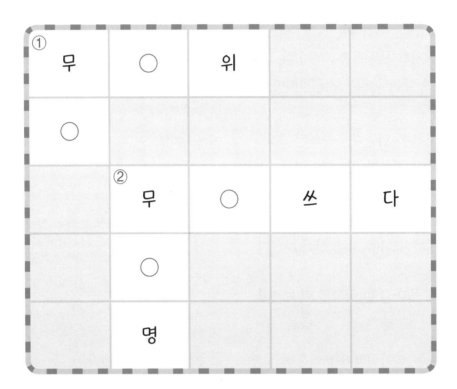

가로 →
① 습도와 온도가 높아 너무 더울 때 쓰는 말
    예 이번 여름은 무○위가 기승이다.
② 힘들고 어려운 일을 참고 견디다
    예 왕자는 위험을 무○쓰고 공주를 구출하러 떠났다.

세로 ↓
① 채소나 해초 등에 갖은 양념을 하여 무친 반찬
    예 콩나물 무○
② 이름을 적지 않음
    예 회장 선거는 투표용지에 이름을 쓰지 않는 무○명으로 진행된다.

2

깨끗한 내 책상을 만들자

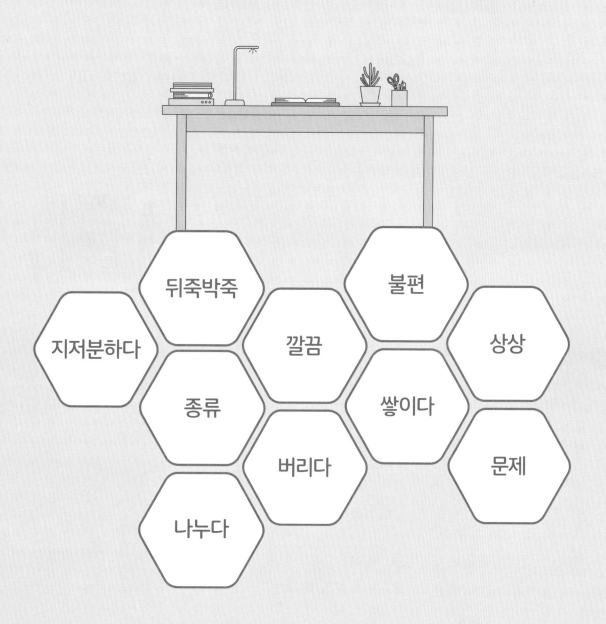

뒤죽박죽

불편

지저분하다

깔끔

상상

종류

쌓이다

버리다

문제

나누다

✏️ 새롭게 알게 된 단어에 표시해 보세요.

뒤죽박죽

뒤섞여 엉망이 된 모양 또는 상태

필통 안이 뒤죽박죽이라 연필을 찾을 수가 없어요.

불편

어떤 것을 사용하는 것이 어려움

나는 샤프를 사용할 때 불편한 점이 있어요.

깔끔

매끈하고 깨끗함

오늘 대청소를 해서 집이 깔끔해졌어요.

상상

경험하지 않은 일을 마음속으로 그려 봄

미래의 여러분 모습을 상상해 봐요.

지저분하다

정돈되지 않고 어수선하다

일주일 동안 방 정리를 안 했더니 지저분해요.

쌓이다

물건이 포개어 얹어 놓이다

책을 30권씩이나 높게 쌓았어요.

종류

사물을 나누는 갈래

여러 종류의 책을 읽었네요.

문제

해결하기 어려운 일

우리에게 주어진 어려운 문제를 해결해 봐요.

나누다

여러 가지가 섞인 것을 구분하여 분류하다

필요한 물건과 필요 없는 물건으로 나누어 봐요.

버리다

필요 없는 물건을 내던지거나 쏟다

필요 없는 물건은 쓰레기통에 버려요.

✔️ 빈칸에 들어갈 단어로 알맞은 것을 찾아 연결해 보세요.

① 책상이 아무것도 없이 ☐☐ 하네.　　　　　•　　•　종류

② 100년 뒤의 모습을 ☐☐ 해 보자.　　　　•　　•　상상

③ 빵의 ☐☐ 에는 식빵, 소시지 빵, 크림 빵 등이 있다.　•　　•　문제

④ 숙제하는데 연필이 없네. 이거 큰 ☐☐ 네.　　　•　　•　깔끔

1 뜻에 알맞은 단어를 찾아 선으로 연결하고 빈칸에 써 보세요.

지	뒤	소	쌓	지
분	죽	은	뒤	저
저	박	다	이	분
하	죽	한	박	하
~~쌓~~	~~이~~	~~다~~	죽	다

① [　] [　] [　] : 물건이 포개어 얹어 놓이다

② [　] [　] [　] [　] : 뒤섞여 엉망이 된 모양 또는 상태

③ [　] [　] [　] [　] [　] : 정돈되지 않고 어수선하다

2 빈칸에 알맞은 단어를 [보기]에서 골라 써 보세요.

> **보기**　　　　버립니다, 나눕니다, 불편합니다

① 쓰레기를 분리수거하고 플라스틱은 여기에 ＿＿＿＿＿＿＿＿＿＿.

② 새로 산 전자기기가 손에 익숙하지 않아 사용이 ＿＿＿＿＿＿＿＿＿＿.

③ 토론을 할 때 찬성과 반대로 ＿＿＿＿＿＿＿＿＿＿.

1 밑줄 친 부분과 바꾸어 쓸 수 있는 말을 [보기]에서 찾아 문장을 다시 써 보세요.

> **보기**   편리했다, 깔끔했다, 불편했다, 쌓여 있었다, 지저분했다

도서관에 책이 정리되어 있지 않아서 내가 원하는 책을 고르기가 **어려웠다.**

➡

2 문장이 완성되도록 괄호 안에서 알맞은 단어를 고르세요.

① 교실에 먼지 하나 없네. 누가 이렇게 (깔끔하게 / 지저분하게) 청소를 해 놓은 거니?

② 내 장래 희망은 군인이야. 눈을 감고 멋진 미래를 (상상해 / 경험해) 보는 건 늘 즐거워.

③ 누가 이 (문제 / 해답)을(를) 해결해 줬으면 좋겠어.

3 [보기]의 밑줄 친 부분과 다른 의미로 쓰인 단어를 고르세요.

> **보기**   앞에 있는 도형을 동그라미와 세모로 **나눌 수 있다.**

① 버섯은 먹을 수 있는 것과 먹을 수 없는 것으로 **나눌 수 있다.**

② 우리 반은 남자와 여자로 **나눌 수 있다.**

③ 부러진 빗자루와 쓸 수 있는 빗자루로 **나눌 수 있다.**

④ 사과를 4조각으로 **나눌 수 있다.**

⑤ 토론할 때는 찬성 팀과 반대 팀으로 **나눌 수 있다.**

[1~3] 다음 글을 읽고, 질문에 답하세요.

> 책상이 깨끗하면 공부하는 데 도움이 됩니다. 반대로 지저분한 책상은 공부하는 데 방해가 되지요. 정리가 안 돼 있으면 이것저것 찾느라 불편한 점이 많으니까요. 여러분 방에 있는 책상이 뒤죽박죽 어지럽혀 있나요? 그렇다면 쌓여 있는 책과 공책은 종류별로 정리하고, 책상 위의 물건도 종류별로 나누고, 필요 없는 물건은 버려야 합니다. 다 정리한 후에 깔끔해질 책상을 상상해 보세요. 상상만으로도 기분이 좋아지지 않나요?

1 윗글의 중심 내용에 맞게 빈칸에 들어갈 알맞은 단어를 써 보세요.

책상을 깨끗이 ☐ ☐ 하는 방법

2 윗글을 읽고 실천한 행동으로 알맞지 <u>않은</u> 것을 고르세요.

① 승환이는 매일 공부하기 전 책상을 정리해요.
② 미영이는 책과 공책을 종류별로 정리해요.
③ 서연이는 다 쓴 공책을 모아서 버려요.
④ 영수는 책을 높이 쌓아 올려 필요한 책을 꺼내서 읽어요.
⑤ 이환이는 책상 서랍 속 필요 없는 물건을 버렸어요.

3 다음과 같은 상황에 선생님이 쓸 수 있는 속담을 써 보세요.

미애 책상 정리해 봤자 다시 어지럽혀지니까 안 치울래요.

선생님 어떤 일이든 시작이 중요해. 천 리 길도 ☐ ☐ ☐ 부터야.

4 두 단어의 관계가 [보기]와 비슷한 것을 고르세요.

> 보기   지저분하다 – 깔끔하다

① 깨끗하다 – 깔끔하다   ② 섬세하다 – 기분이 좋다   ③ 행복하다 – 불행하다
④ 불편하다 – 상상하다   ⑤ 나누다 – 분류하다

오늘의 사자성어

삼 고 초 려

三	顧	草	盧
석 삼	돌아볼 고	풀 초	오두막집 려

삼고초려는 '초가집을 세 번 방문한다'는 뜻이에요. 삼국지를 읽어 보았나요? 삼국지에 등장하는 유비는 촉나라를 세운 인물입니다. 장비와 관우는 훌륭한 장수였지만 전쟁에서 이기기 위해서는 뛰어난 전략가가 필요했죠. 한 신하가 제갈량이라는 인물을 추천하여 유비는 그를 찾아 깊은 산속으로 떠났어요. 하지만 산속 오두막에는 제갈량이 없었습니다. 며칠 뒤 제갈량이 돌아왔다는 소식을 듣고 눈보라를 헤치며 산속으로 떠났지만 또 만나지 못했어요. 겨울을 넘기고 세 번째로 오두막을 찾아왔을 때 드디어 유비는 제갈량과 만났습니다. 제갈량의 지혜에 감탄한 유비는 제갈량과 함께 조조의 백만 대군에 맞서게 됩니다. 이처럼 무언가를 얻기 위해서는 노력과 인내가 필요하답니다.

식물을 가꿀 수 있어요

무심코

재배

식용

천연

조상

독성

탐스럽다

분리

궁리하다

가꾸다

어휘와 만나기

✏️ 새롭게 알게 된 단어에 표시해 보세요.

식용

먹을 것으로 씀

이 식물은 식용이라 먹을 수 있어.

무심코

아무런 뜻이나 생각이 없이

무심코 버린 씨앗에서 예쁜 꽃이 자랐어.

재배

식물을 심어 가꿈

식물을 재배할 때는 노하우가 필요해.

독성

독이 있는 성분

독성이 있는 식물은 절대 먹으면 안 돼.

천연

사람의 힘을 가하지 않은 상태

천연 화장품은 식물에서 얻은 천연 재료로 만들어.

분리

서로 나뉘어 떨어짐

분갈이를 하려면 식물을 화분에서 분리해야 해.

조상

자기 세대 이전의 모든 세대

조상들은 곡식을 기르기 위해 많은 노력을 했어.

궁리하다

이리저리 따져 깊게 생각하다

식물을 건강하게 기르기 위한 방법을 궁리해 보자.

탐스럽다

보기 좋고 끌리는 데가 있다

나무에서 탐스러운 열매가 열렸어.

가꾸다

식물을 손질하고 보살피다

나는 아침 일찍 일어나 정원에서 식물을 가꿨어.

✔️ 낱말 풀이를 보고 빈칸에 알맞은 단어를 써 보세요.

낱말 풀이

① 먹을 것으로 씀

② 아무런 뜻이나 생각이 없이

③ 이리저리 따져 깊게 생각하다

④ 식물을 손질하고 보살피다

1 빈칸에 공통으로 들어갈 한 글자를 써 보세요.

- 나무에 열매가 [ ]스럽게 열렸어요.
- 방학 숙제로 [ ]구 보고서를 썼어요.
- 함께 미지의 세계를 [ ]험해요.

2 대화의 흐름상 다음 빈칸에 들어갈 알맞은 단어를 써 보세요.

철수 안 돼! 지금 그 버섯을 먹으려고 한 거야?

영희 응. 예쁘게 생겨서 먹을까 했지.

철수 버섯은 [ㄷ][ㅅ]이 있을 수도 있어. 함부로 먹으면 위험해.

3 다음 표에 있는 단어의 비슷한 말과 반대말을 [보기]에서 찾아 써 보세요

보기 인공, 선조, 후손, 자연

	비슷한 말	반대말
조상		
천연		

1 밑줄 친 단어와 바꾸어 쓸 수 있는 것을 고르세요.

> 눈앞에 꽃들을 쌍떡잎식물과 외떡잎식물로 **분리**해 봐.

① 격리   ② 분류   ③ 대립

④ 통합   ⑤ 분석

2 대화의 밑줄 친 단어의 뜻으로 알맞은 것을 골라 O표 하세요.

> 현수 여기 이 많은 게 다 꽃이야?
>
> 이현 응, 여기서는 꽃을 **재배**해서 팔기도 해.
>
> ➡ 식물을 (심어 / 꺾어) (가꾸다 / 내놓다)

3 빈칸에 알맞은 단어를 [보기]에서 골라 써 보세요.

> | 보기 |
> | --- |
> | 천연, 독성, 식용 |

① 이 꽃은 ＿＿＿＿＿ 식물이라 음식에 넣어서 먹어도 돼.

② 새로 산 화장품은 ＿＿＿＿＿ 재료만 써서 피부에 좋을 거야.

③ 산에서 아무 버섯이나 먹으면 안 돼. ＿＿＿＿＿이 있을 수도 있거든.

1 다음 글을 읽고, 밑줄 친 '분갈이'에 대한 설명으로 알맞은 것을 고르세요.

> 조상들은 무심코 흘린 씨앗에서 싹이 트는 것을 보고 이리저리 궁리해 곡식을 재배하는 방법을 발견했다. 최근에는 다양한 식용 작물을 가꾸는 농가가 많아졌다. 탐스럽게 열린 열매는 맛있는 간식이 되고, 식물에서 얻은 천연 재료로는 화장품을 만들기도 한다. 이처럼 식물은 우리에게 도움이 되지만 버섯처럼 독성이 있는 것도 있기에 항상 주의해야 한다. 요즘은 많은 집에서 작은 화분을 키운다. 식물이 크게 자란 화분은 식물을 옮겨 심는 **분갈이**를 통해 뿌리를 분리시켜야 더 잘 자란다.

① 집에서 작은 화분을 키우는 일   ② 식물을 화장품 원료 사용하는 일

③ 꽃의 뿌리에 있는 가시를 자르는 일   ④ 식용 작물을 길러 맛보는 일

⑤ 화분에 심은 풀이나 나무를 다른 화분에 옮겨 심는 일

2 밑줄 친 표현의 뜻으로 알맞은 것을 골라 V표 하세요.

> 오늘은 드디어 화분에서 싹이 자라났다. 이날을 얼마나 **손꼽아 기다렸는지** 모른다. 물도 주고 햇빛도 충분히 받게 하고 따뜻한 말도 해 준 결과인 것 같다. 오늘은 참 기쁜 날이다.

① 생각지도 않은 일이 발생하다.   ☐

② 기대에 찬 마음으로 날짜를 꼽으며 기다리다.   ☐

③ 함께 일을 하는데 마음이나 의견이 서로 맞다.   ☐

3 대화의 밑줄 친 속담의 뜻으로 알맞은 것을 고르세요.

> **미현** 키우는 식물이 아파서 매일 치료를 해 주고 있는데…, 시들어 버릴까 봐 걱정이야.
>
> **은수** **공든 탑이 무너지겠어?** 아껴 주는 만큼 꼭 다시 건강해질 거야.

① 어떤 고민 때문에 걱정이 되다.   ② 원인이 없으면 결과가 있을 수 없다.

③ 너무 놀라 말이 나오지 않다.   ④ 정도 이상의 좋은 것만 찾는다.

⑤ 정성을 다한 일은 결과가 헛되지 않는다.

어휘는 왜 공부해야 할까?

TV를 보거나 책을 읽을 때, 모르는 단어가 많아서 내용을 이해하지 못한 적이 있나요? 다른 사람들은 내용을 이해하고 공감하는데 여러분 혼자만 그 뜻을 이해하지 못해서 답답했던 경험이 있을 거예요. 반면, TV나 책을 통해 새로운 어휘를 배워서 신났던 경험도 있을 거예요.

우리말에는 수많은 단어가 있어요. 같은 대상을 두고도 다양한 단어로 표현할 수 있죠. 또, 우리말은 고유어와 한자어로 구성되어 있어요. 고유어는 단어 자체의 의미를 알아야 하고, 한자어는 한자의 뜻을 통해 단어의 의미를 유추해 볼 수 있어요.

그렇다면 어휘를 많이 알고 싶을 때는 어떻게 해야 할까요? 우선, 다양한 책과 자료를 읽고 모르는 어휘가 나왔을 때는 그 의미를 흐름상 유추해 보고 자신이 생각한 뜻이 맞는지 사전을 통해 확인해 보면서 자신만의 국어 단어장을 만들어 보는 것이 도움이 될 수 있어요. 또, 이 책과 같은 어휘 문제집을 풀면서 익히는 것도 좋아요. 그리고 글, 특히 일기를 쓰면서 어휘력을 키울 수 있어요. 오늘부터는 '아침에 일어나서 학교에 갔다'는 내용 말고, 오늘 겪은 일을 여러분의 생각과 함께 자세하게 일기로 써 보는 연습을 하는 것은 어떨까요?

어휘를 많이 알수록 자신의 생각을 더 자세하고 풍부하게 표현할 수 있답니다. 또, 많은 단어를 아는 만큼 세상이 보일 거예요.

4

오늘 우리 반 이야기

영리하다

활기차다

무례하다

인기척

습관

어이없다

믿음

파악하다

말참견

팻말

✏️ 새롭게 알게 된 단어에 표시해 보세요.

무례하다
태도나 말에 예의가 없다
선생님께 그런 말을 쓰는 건 무례한 거예요.

영리하다
눈치가 빠르고 똑똑하다
이 문제를 맞히다니 정말 영리하구나.

인기척
사람이 있음을 알게 하는 소리나 기척
인기척도 없이 들어와서 깜짝 놀랐어.

습관
오랫동안 되풀이해 저절로 익혀진 행동 방식
열심히 발표하는 습관은 자신감을 길러 줘요.

활기차다
힘이 넘치고 생기가 가득하다
항상 활기찬 모습이 참 보기 좋아.

말참견
다른 사람이 말하는데 끼어들어 말함
친구가 말하는데 말참견하는 건 좋지 않아.

어이없다
너무 뜻밖이어서 기가 막히다
오늘 개교기념일이라 쉬는 날이었어? 정말 어이없네.

믿음
어떤 사실이나 사람을 믿는 마음
선생님은 여러분이 잘 해낼 거라는 믿음이 있어요.

팻말
알리기 위한 글을 써 놓은 조각
'복도에서 뛰지 말자'라는 팻말이 눈에 띄었어.

파악하다
내용이나 본질을 확실하게 이해하여 알다
친구의 속마음을 파악해 보고 싶어.

✅ 단어와 뜻이 올바르게 연결될 수 있도록 중간에 선을 그어 사다리를 만들어 보세요.

믿음	습관	팻말	말참견
다른 사람이 말하는데 끼어들어 말함	어떤 사실이나 사람을 믿는 마음	오랫동안 되풀이해 저절로 익혀진 행동 방식	알리기 위한 글을 써 놓은 조각

1 상황에 관련된 단어를 [보기]에서 골라 써 보세요.

> 보기　　　어이없다, 활기차다, 파악하다

① 왜 말도 없이 약속 장소에 나오지 않았니?

② 오늘 배운 내용을 확실하게 이해했니?

③ 소희야, 오늘도 즐겁고 힘차게 시작해 보자.

2 빈칸에 공통으로 들어갈 한 글자를 써 보세요.

- 교실에 혼자 있는데 갑자기 [　] 기척이 느껴졌어.
- 친구를 만나면 반갑게 [　] 사해요.
- 우리 지역의 [　] 구는 50만 명이야.

3 밑줄 친 단어의 뜻을 [보기]에서 찾아 기호를 써 보세요.

> 보기　　㉠ 눈치가 빠르고 똑똑하다　　㉡ 재산상의 이익을 꾀하다

① 너는 참 머리가 **영리하구나**.　[　]

② 공무원은 **영리** 업무가 금지되어 있다.　[　]

❖어휘 꿀팁
문제에 나온 단어는 한글로 쓰면 같은 글자로 보이지만, 한자는 다르게 써요.
'똑똑하다'는 뜻일 때에는 怜悧라고 쓰고, '이익을 낸다'는 뜻일 때에는 營利라고 쓴답니다.

1 밑줄 친 부분과 바꾸어 쓸 수 있는 단어를 골라 ○표 하세요.

어떻게 부모님께 **무례하게** 말할 수 있니?

➡ 버릇없게 / 친절하게 / 정중하게

2 대화의 빈칸에 공통으로 들어갈 말에 V표 하세요.

이환 가족은 서로에 대한 _____ 이 중요해.

상현 맞아. 그리고 종교에 대해 _____ 이 깊은 사람도 많아.

미영 너희들은 역시 똑똑해. 정말 _____ 직해.

☐ 믿음   ☐ 소망   ☐ 사랑   ☐ 행복

3 '말참견'에 대한 설명을 읽고, 같은 방법으로 만들어진 단어가 <u>아닌</u> 것을 고르세요.

말과 **참견**이 더해져 **말참견**이라는 새로운 단어로 쓰입니다.

① 집안   ② 돌다리   ③ 큰집

④ 밤낮   ⑤ 헛소문

❖어휘 꿀팁

'말참견'처럼 따로 쓰이는 두 단어를 합쳐서 만든 단어를 '합성어'라고 해요.

[1~3] 다음 글을 읽고, 질문에 답하세요.

> 내 옆에 인기척도 없이 철수가 나타나 깜짝 놀랐다. 철수는 영리하고 믿음직한 행동으로 선생님께 칭찬을 듣지만, 때로는 어이없는 말로 아이들을 웃기고 분위기를 활기차게 만든다. 미영이는 무례한 행동으로 선생님을 화나게 하고, 친구들 싸움에 말참견을 해 일을 크게 만든다. 하지만 오늘 '친구들과 싸우지 맙시다'라는 팻말을 들고 복도에 서 있는 미영이를 보니 안타깝다. 미영이가 자신의 문제를 파악하고, 친구들에게 예의 있게 말하는 좋은 습관이 생기면 좋겠다.

1 윗글의 중심 내용에 맞게 빈칸에 들어갈 알맞은 단어를 써 보세요.

우리 반의 서로 다른 두 ☐ ☐

2 미영이에게 해 줄 수 있는 말로 적절한 것에 V표 하세요.

① 나는 친구들이 너에게 등을 돌릴까 봐 걱정 돼. ☐

② 짝꿍이 등을 떠미는 바람에 반장 선거에 나가겠다고 했어. ☐

③ 친구들에게 등을 보이는 행동은 좋지 않은 것 같아. ☐

3 다음과 같은 상황에 쓸 수 있는 속담을 고르세요.

> 무슨 일이든 척척 잘 해내는 철수가 자신 있게 수학 정답을 말했는데 틀렸다. 얼굴이 붉어진 철수는 그날 발표도 하지 않고 시무룩하게 하루를 보냈다.

① 공든 탑이 무너진다
② 까마귀 날자 배 떨어진다
③ 아니 땐 굴뚝에 연기난다
④ 원숭이도 나무에서 떨어진다
⑤ 밤말은 새가 듣고 낮말은 쥐가 듣는다

가로세로 낱말 퀴즈 '손'과 '발'이 들어가는 낱말

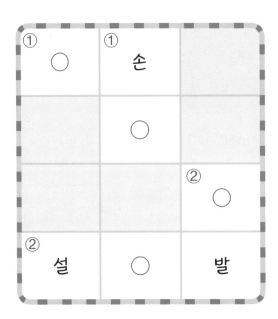

가로 → ① 일을 하는 사람

예 농촌은 ○손이 항상 부족해.

② 몹시 서두르며 부산하게 구는 행동

예 너무 설○발을 치면 일을 망칠 수도 있어.

세로 ↓ ① 남의 힘을 빌리지 않고 자기 손으로 직접

예 이 목도리는 엄마가 손○ 만든 거야.

② 목적지를 향하여 나아감

예 짐 다 쌌으면 ○발하자.

신나는 체험 학습

삼가다

발생

수심

인상

안내문

황홀하다

서약

신비

헤매다

살금살금

어휘와 만나기

✏️ 새롭게 알게 된 단어에 표시해 보세요.

수심
물의 깊이
이 폭포는 수심이 10미터예요.

삼가다
몸가짐이나 말을 조심하다
폭포 근처에서 위험한 행동은 삼가 주세요.

발생
어떤 일이나 사물이 생겨남
여기서 사고가 발생한 적이 있어요.

안내문
내용을 소개하여 알려 주는 글
안내문에는 '입수 금지'라는 말이 써 있어요.

인상
사람 얼굴의 생김새
두 명의 인상이 비슷해요.

신비
신기하고 묘한 느낌
아름답고 신비로운 폭포에 모두 할 말을 잃었어요.

서약
맹세하고 약속함
안전을 위한 서약서에 서명을 했어요.

헤매다
갈 곳을 몰라 이리저리 돌아다니다
모두 떠나고 혼자 남은 곳에서 길을 잃고 헤맸어요.

황홀하다
눈이 부실 정도로 찬란하거나 화려하다
폭포의 웅장함은 모두를 황홀하게 만들었어요.

살금살금
알아차리지 못하도록 살며시 행동하는 모양
우리는 살금살금 폭포 근처로 다가갔어요.

✔️ 그림을 보고 [보기]에서 알맞은 단어를 골라 빈칸에 써 보세요.

> **보기**　　안내문, 수심, 신비, 서약

①

②

③

④

_____　_____　_____　_____

1 빈칸에 들어갈 알맞은 단어를 골라 V표 하세요.

① 여행할 때는 공공장소에서 큰 소리로 떠드는 것을 _____(해)야 해.

☐ 삼가　　　　☐ 휴가　　　　☐ 진행　　　　☐ 노력

② 영희는 철수 뒤에서 _____ 다가가 깜짝 놀라게 했다.

☐ 깡충깡충　　☐ 뒤뚱뒤뚱　　☐ 살금살금　　☐ 우당탕

2 빈칸에 알맞지 <u>않은</u> 것을 골라 V표 하세요.

① 처음 만난 친구의 _____이(가) 내 사촌 동생과 비슷하다.

☐ 인상　　　　☐ 얼굴　　　　☐ 이목구비　　☐ 체면

② 낯선 곳에서 길을 잃고 _____ 있는 아이를 보았다.

☐ 헤매고　　　☐ 갈팡질팡하고　☐ 방황하고　　☐ 설레고

3 빈칸에 알맞은 단어를 넣어 문장을 완성해 보세요.

① 음료수를 마시며 노을을 바라보니 정말 | ㅎ | | ㅎ | 해.

② 오늘 우리 숙소에서 도난 사건이 | ㅂ | | ㅅ | 했어.

1 다음 중 빈칸에 '발생'을 쓸 수 <u>없는</u> 문장을 고르세요.

① 여기는 큰 도로 근처라서 평소에도 소음이 많이 ＿＿＿＿＿＿＿ 해.

② 무심코 버린 담배꽁초 때문에 큰 화재가 ＿＿＿＿＿＿＿ 했어.

③ 길에 떨어져 있던 500원짜리를 ＿＿＿＿＿＿＿ 했어.

④ 겨울에 ＿＿＿＿＿＿＿ 하기 쉬운 감기는 손 씻기로 예방할 수 있어.

2 밑줄 친 단어의 뜻을 [보기]에서 찾아 기호를 써 보세요.

보기	㉠ 물의 깊이	㉡ 매우 근심하는 마음

① 이곳은 **수심** 10미터입니다. 들어가지 마세요.　□

② 표정이 안 좋네. **수심**이 가득해 보여.　□

❖어휘 꿀팁
수심이 '물이 깊은 정도'를 나타낼 때는 水深으로 쓰고, '매우 근심하는 마음'을 나타낼 때는 愁心이라고 써요.

3 밑줄 친 단어의 뜻에 맞는 말을 골라 ○표 하세요.

① 놀이공원에는 바이킹 위치를 알려 주는 **안내문**이 있다.

　➡ (가고자 하는 곳까지 데려다준다는 말 / 내용을 소개하여 알려 주는 글)

② 수학 문제가 너무 어려워 한 시간째 **헤매고 있다.**

　➡ (갈 곳을 몰라 돌아다니다 / 갈피를 잡지 못하다)

※ '갈피'는 '일이나 사물의 갈래가 구별되는 경계'라는 뜻이에요. 비슷한 단어로는 '방향, 판단'이 있어요.
예) 영수가 왜 그런 이상한 행동을 하는지 갈피를 잡을 수 없다.

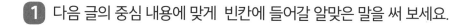

1 다음 글의 중심 내용에 맞게 빈칸에 들어갈 알맞은 말을 써 보세요.

> 버스에서 내려 주변을 둘러보니 '천지 폭포'라는 안내문이 보였다. 읽어 보니 사망 사고도 발생했고, 수심은 10미터가 넘는다는 내용이었다. 웅장한 폭포를 보고 우렁찬 소리를 들으니 신비롭고 황홀한 느낌이 들었다. 인상이 좋아 보이는 가이드가 폭포 높이가 32미터라고 알려 주었다. 선유와 나, 호영이는 위험한 행동을 삼가겠다는 서약서를 쓰고 입장했다. 하지만 난 안쪽이 더 궁금해 금지 구역으로 살금살금 들어갔다. 그곳에서 길을 헤매다 찾으러 온 선생님께 혼이 났다.

☐ ☐ 를 구경하며 있었던 일

2 빈칸에 공통으로 들어갈 한 글자를 써 보세요.

- 친구가 외국의 폭포를 다녀왔다는 이야기를 들으니 ☐가 아프다.

- 철수는 차에 탑승하라는 지시에 따르지 않고 ☐를 내밀고 버텼다.

- 폭포를 구경하느라 점심을 못 먹었더니 ☐가 등에 붙은 것 같다.

3 대화의 흐름상 선유에게 해 줄 수 있는 속담을 써 보세요.

> **호영** 오늘 폭포에 다녀온 일에 대해 함께 포스터를 만들어 보자.
> **유현** 그래! 폭포에 다녀온 느낌을 생생하게 표현해 보자. 재미있겠는걸.
> **선유** 그거 꼭 해야 해? 이미 눈으로 다 보고 온 거잖아.
> **유현** 포스터로 만들어 놓아야 우리 경험이 더 선명하고 좋은 추억이 될 수 있지 않을까?

속담

| 구 | 슬 | 이 | ㅅ | ㅁ | ㅇ | ㄹ | ㄷ |

| ㄲ | ㅇ | ㅇ | 보 | 배 | 다 |

오늘의 사자성어

어 부 지 리

漁 夫 之 利

고기 잡을 어　　아버지 부　　어조사 지　　이득 리

　　어부지리는 '둘 사이의 싸움을 틈타 제삼자(다른 사람)가 이익을 얻는다'는 뜻이에요. 강 속에 살던 조개는 햇볕을 쬐기 위해 강가로 나왔어요. 주변에 새가 없는 걸 확인하고 껍데기를 벌린 채 휴식을 취했죠. 멀리서 그 광경을 보던 도요새는 잽싸게 날아와 조갯살을 부리로 쪼았어요. 조개는 깜짝 놀라 껍데기를 꽉 닫았어요. 도요새는 조개를 털어내려고 머리를 흔들었지만 조개는 잡아먹힐까봐 놓지 않았죠. 둘은 서로 옥신각신하며 양보하지 않았어요. "껍데기 좀 벌려!", "벌리면 잡아먹으려고?" 서로 한 치도 물러나지 않았죠. 때마침 고기잡이를 마치고 집으로 돌아가던 어부가 이 광경을 보았어요. 어부는 느긋하게 걸어가 도요새와 조개를 모두 잡았죠. 뜻하지 않게 도요새와 조개를 한 번에 잡고 어부는 신이 나 집으로 돌아갔어요. 이처럼 둘이서 싸우는 사이에 다른 사람이 이득을 보는 경우가 있으니 양보하는 마음을 길러 보는 건 어떨까요?

6

두근두근 학급 전시회

장면

고이다

어엿하다

독특하다

전시

초청

당기다

너머

알쏭달쏭

가리키다

✏️ 새롭게 알게 된 단어에 표시해 보세요.

장면

어떤 장소에서 발생한 광경

그림 속 한 장면에는 사이좋은 가족이 있어요.

어엿하다

행동이 거리낌 없이 당당하다

이제 어엿한 어른이 되었구나.

초청

사람을 청하여 부름

학급 전시회 초청장을 받았어요.

전시

여러 물품을 한곳에 벌여 놓고 보임

교실에 내 그림도 전시되어 있어요.

독특하다

특별하게 다르다

그림을 독특한 방식으로 색칠했어요.

당기다

힘을 주어 일정한 방향으로 가까이 오게 하다

부모님 옷자락을 끌어당겨 내 그림을 보여드렸어요.

너머

높이나 경계로 가로막은 사물의 저쪽

학교는 저 고개 너머에 있어요.

고이다

입에 침이 모이거나 눈에 눈물이 어리다

부모님은 감동받아 눈에 눈물이 고였어요.

가리키다

손가락으로 어떤 방향이나 대상을 집어서 보여주거나 말하다

부모님은 내 그림을 가리키며 칭찬해 주셨어요.

알쏭달쏭

얼른 분간이 안 되는 모양

친구가 무엇을 주제로 그렸는지 알쏭달쏭했어요.

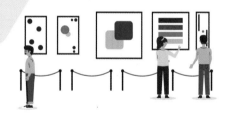

✅ 빈칸에 들어갈 단어로 알맞은 것을 찾아 연결해 보세요.

① 그 영화의 총 쏘는 [ ][ ]이(가) 기억에 남아. •   • 너머

② 산 [ ][ ]에는 골짜기가 있어. •   • 장면

③ 오늘 생일파티 [ ][ ]장 받았어? •   • 전시

④ 내일이면 미술품 [ ][ ]회가 끝나. •   • 초청

1 뜻에 알맞은 단어를 찾아 선으로 연결하고 빈칸에 써 보세요.

독	알	쏭	달	쏭
기	비	독	트	특
신	당	특	코	기
차	쏭	하	아	독
당	기	다	알	다

① ☐ ☐ ☐ : 힘을 주어 일정한 방향으로 가까이 오게 하다

② ☐ ☐ ☐ ☐ : 특별하게 다르다

③ ☐ ☐ ☐ ☐ : 얼른 분간이 안 되는 모양

2 문장이 완성되도록 괄호 안에서 알맞은 단어를 고르세요.

① 맛있는 음식을 보니 입안에 침이 (고인다 / 흐른다).

② 시계 바늘이 세 시를 (가리킨다 / 가로막는다).

③ 학교를 졸업하면 (어엿한 / 뚜렷한) 사회인이 된다.

3 밑줄 친 단어와 바꾸어 쓸 수 있는 것을 골라 ○표 하세요.

아린이는 항상 **알쏭달쏭한** 말로 친구들을 궁금하게 만들어.

➡ 명확한 / 현명한 / 애매모호한 / 듣기 좋은

1 주어진 단어의 뜻을 참고해 문장의 빈칸에 알맞은 말을 써 보세요.

- 가리키다: 손가락으로 방향이나 대상을 집어서 알리다

- 가르치다: 지식이나 기능을 익히게 하다

① 선생님께서 우리에게 공부를 ＿＿＿＿＿＿＿＿＿ 주셨다.

② 길을 물어보는 외국인에게 방향을 ＿＿＿＿＿＿＿＿＿ 주었다.

③ 친구가 모르는 문제가 있어서 내가 ＿＿＿＿＿＿＿＿＿ 주었다.

❖어휘 꿀팁
대상에 따라 높임말을 사용합니다. '가르치다'의 높임말은 '가르쳐 주시다'입니다.

2 밑줄 친 단어의 뜻을 [보기]에서 찾아 기호를 써 보세요.

> **보기**
> ㉠ 입맛이 돋우어지다
> ㉡ 정한 시간을 앞으로 옮기거나 줄이다
> ㉢ 물건에 힘을 주어 일정한 방향으로 오게 하다

① 맛있는 음식을 보니 입맛이 **당긴다**. ☐

② 줄다리기를 할 때는 줄을 힘껏 **당겨야** 해. ☐

③ 운동회 날짜가 일주일 **당겨졌어**. ☐

3 밑줄 친 부분과 바꾸어 쓸 수 있는 말을 [보기]에서 찾아 문장을 다시 써 보세요.

> **보기** 초대, 방문, 선물, 참석

나와 제일 친한 친구인 미현이의 생일파티에 **초청**을 받았어.

➡

1 다음 글의 내용과 일치하지 <u>않는</u> 것을 고르세요.

> 오늘 학급 미술 전시회가 열렸다. 친구들의 그림 속 장면에는 다양한 인물들이 독특한 방법으로 그려져 있었다. 주제를 알 수 없는 알쏭달쏭한 작품도 많았다. 부모님은 초청장을 들고 전시회 시작 10분 전에 오셨다. 나는 부모님의 옷자락을 끌어당기며 내 작품을 가리켰다. 내 작품의 주제는 고개 너머에 있는 우리 집 풍경이었다. "이런 멋진 그림도 그릴 줄 알고. 이제 어엿한 초등 3학년생이구나."라고 하시는 부모님 눈에 눈물이 고였다. 나도 눈시울이 붉어졌다.

① 우리 집은 고개 너머에 있다.　　　　　② 부모님은 내 작품을 보고 뿌듯해하셨다.

③ 부모님은 전시회가 시작하기 전에 미리 도착했다.　　④ 친구들은 다양한 방법으로 그림을 그렸다.

⑤ 친구들의 작품은 모두 주제가 알아보기 쉽게 표현되었다.

2 다음 속담을 사용할 수 있는 상황에 V표 하세요.

속담　까마귀 날자 배 떨어진다

뜻　아무것도 한 일이 없는데 공교롭게 같은 시간·장소에 발생한 일로 의심을 받게 됨

① 내 작품과 친구 작품이 나란히 전시되었다. ☐

② 전시회에 매직을 들고 다녔더니 작품에 낙서를 한다는 오해를 받았다. ☐

③ 내 작품의 비밀을 소희에게만 말했는데, 모든 친구들이 알게 되었다. ☐

3 다음 상황에 사용할 수 있는 속담을 2개 고르세요.

> 미숙이는 작품 전시회에서 자신의 작품이 제일 별로라며 눈물을 흘렸다. 미숙이 작품은 전시회 1시간 전에 부랴부랴 완성한 작품이라 완성도가 떨어졌다. 미숙이는 작품을 그릴 때도 열심히 하지 않고, 딴짓을 하거나 떠들기만 했기 때문이다.

① 콩 심은데 콩 나고 팥 심은데 팥 난다　　　② 까마귀 날자 배 떨어진다

③ 아니 땐 굴뚝에 연기날까　　　　　　　　④ 원숭이도 나무에서 떨어진다

⑤ 밤말은 새가 듣고 낮말은 쥐가 듣는다

게임은 적당히 해요

여러분은 게임을 하루에 몇 시간이나 하나요? 게임과 독서 중 하나를 고르라면 게임을 고를까요? 과학자들이 연구를 했는데요, 게임을 많이 하면 뇌의 일부만 사용하게 돼서 인간의 뇌가 파충류의 뇌처럼 점점 변해 간다고 해요. 이성적으로 판단하기보다는 공격적이고 본능적인 행동을 하게 된다는 뜻입니다. 그래서 참을성과 인내력이 부족하게 되고, 주변에서 누가 말을 걸거나 무언가를 시키면 짜증을 내기도 하죠. 사실, 재미있는 게임에 비하면 독서와 공부는 너무 지겨운 활동입니다. 게임은 정말 몇 시간씩 해도 재미있는데 공부는 5분만 해도 재미없고 지겨운 친구도 많을 거예요.

하지만 게임을 너무 많이 하면 중독이 되어 친구나 부모님과의 관계가 나빠질 수도 있어요. 게임을 매일 하는 친구들, 하루에 1시간 넘게 하는 친구들은 게임 대신 운동, 독서, 공부를 해 보세요. 지금보다 더 건강하고 똑똑해질 수 있어요. 게임상에서 멋진 '나'보다 학교에서 멋진 '나'가 되어 보면 어떨까요? 오늘부터 게임 시간을 줄이고 운동, 독서, 공부를 실천해 보세요.

7

부둣가의 갈매기

빌리다

싱글벙글

구수하다

요령

짭조름하다

서식지

친근하다

부둣가

저절로

무리

✏️ 새롭게 알게 된 단어에 표시해 보세요.

구수하다
보리차, 숭늉에서 나는 맛이나 냄새와 같다
이 음식에서 구수한 냄새가 나요.

저절로
자기 스스로 또는 자연적으로
바다를 보니 저절로 눈이 휘둥그레졌어요.

무리
사람이나 짐승, 사물이 모여 뭉친 한 동아리
갈매기는 무리 지어 날아다녀요.

싱글벙글
소리 없이 정답고 환하게 웃는 모양
동생은 갈매기를 보고 싱글벙글했어요.

서식지
생물이 일정한 곳에 자리를 잡고 사는 곳
갈매기의 서식지는 육지 근처 물이 있는 곳이야.

부둣가
부두가 있는 근처
부둣가에 가니 사람들이 무척이나 많아요.

친근하다
사귀어 지내는 사이가 아주 가깝다
갈매기는 사람들이 친근하게 여기는 새야.

짭조름하다
조금 짠맛이 있다
새우 과자는 짭조름한 맛이에요.

요령
일을 하는 데 꼭 필요한 묘한 이치
갈매기에게 간식을 주는 요령이 있어.

빌리다
남의 물건이나 돈을 얼마 동안 쓰다
동생에게 천 원을 빌려주었어요.

✔️ 단어의 뜻을 보고, 문장에 알맞은 말을 써 보세요.

뜻	문장
① 소리 없이 정답고 환하게 웃는 모양	➡ 건우는 맛있는 음식을 보면 항상 [ㅅ][ㄱ][ㅂ][ㄱ]해.
② 사람이나 짐승, 사물이 모여 뭉친 한 동아리	➡ 펭귄은 혼자 생활하지 않고 [ㅁ][ㄹ] 지어 생활해.
③ 보리차, 숭늉에서 나는 맛이나 냄새와 같다	➡ 누룽지를 끓여 먹으면 [ㄱ][ㅅ][ㅎ] 맛이 나.
④ 조금 짠맛이 있다	➡ 계란프라이에 소금을 조금 뿌리면 [ㅉ][ㅈ][ㄹ][ㅎ].

1 빈칸에 공통으로 들어갈 한 글자를 써 보세요.

- 외국인에게 길을 ☐ 절하게 알려 주었다.
- 한솔이와 선아는 ☐ 자매처럼 가까운 사이다.
- 우리 집은 옆집과 ☐ 근하게 지낸다.

2 대화의 빈칸에 들어갈 알맞은 단어를 써 보세요.

철수 우와! 저기 배가 들어온다. ☐ㅂ ☐ㄷ ☐ㄱ 에 사람들이 모여 있어.

영희 우와, 근데 갈매기들도 엄청 많네?

철수 응. 저기 옆에 갈매기 ☐ㅅ ☐ㅅ ☐ㅈ 가 있어.

3 다음 표에 있는 단어의 비슷한 말과 반대말을 [보기]에서 찾아 써 보세요.

> **보기**   꾸다, 자연적으로, 솜씨, 갚다

	비슷한 말	반대말
빌리다		

	비슷한 말			비슷한 말
요령			저절로	

1 밑줄 친 단어와 바꾸어 쓸 수 없는 단어를 고르세요.

> 너는 어떻게 처음 보는 사람과 **친근하게** 지낼 수 있어?

① 허물없이   ② 친숙하게   ③ 가깝게   ④ 막역하게   ⑤ 근사하게

2 대화의 밑줄 친 단어의 뜻으로 알맞은 것을 골라 ○표 하세요.

> **현수** 오늘 무슨 일 있어? 얼굴이 **싱글벙글**이네.
>
> **이현** 응, 오늘은 내 생일이야.
>
> ➡ 소리 없이 (정답고 / 심술궂고) (환하게 / 찡그리며) 웃는 모양

3 [보기]의 밑줄 친 부분과 다른 의미로 쓰인 단어를 고르세요.

> | 보기 | 준비물 살 돈이 부족해서 친구에게 500원을 **빌렸다.** |

① 친구에게 장난감을 **빌렸다.**

② 수업 시간에 짝에게 지우개를 **빌렸다.**

③ 친구가 1000원을 **빌려**줘서 떡볶이를 사 먹었다.

④ 철수는 선생님의 말씀을 **빌려** 어려운 말을 자주 쓴다.

⑤ 학교 도서관에서 동화책을 세 권 **빌렸다.**

1 다음 글을 읽고, '갈매기'에 대한 설명으로 알 수 <u>없는</u> 것을 고르세요.

> 갈매기의 서식지는 육지 근처 물이 있는 곳이다. 부둣가에서 볼 수 있으며, 무리 지어 생활한다. 우리 인간에게 친근한 이 새는 짭조름한 새우 과자를 좋아해, 관광객에게 접근하여 손에 든 과자를 낚아채는 요령을 부린다. 어린이들은 종종 부모님에게 돈을 빌려 새우 과자를 구입한다. 싱글벙글하며 갈매기를 보던 아이들은 갈매기가 새우 과자를 낚아챌 때면 눈이 저절로 휘둥그레진다. 어른들은 구수한 원두커피를 마시며 아이들을 행복한 표정으로 바라본다.

① 부둣가에 가면 만날 수 있다.   ② 짭조름한 새우 과자를 좋아한다.
③ 사람들은 갈매기를 무서워한다.   ④ 육지 근처 물이 있는 곳에서 생활한다.
⑤ 손에 있는 과자를 낚아챌 수 있다.

2 밑줄 친 표현의 뜻으로 알맞은 것을 골라 V표 하세요.

> 호식이는 가족과 바닷가에 놀러가 맛있는 음식도 먹고 갈매기에게 새우 과자도 주며 즐겁게 보냈다. 집으로 돌아가기 위해 공항으로 가던 중 비바람이 몰아쳤다. 다행스럽게도, 비행기 출발 1시간 전 떠오른 해는 걱정을 **눈 녹듯이 사라지게** 해 주었다.

① 마음이 끌리어 열심히 듣거나 보다. ☐   ② 얕은 수로 남을 속이려 하다. ☐
③ 근심과 걱정이 말끔히 사라지다. ☐

3 대화에 나온 '호식'이의 행동을 표현하는 속담을 써 보세요.

영수   호식아, 갈매기에 대해 많이 안다며?
호식   맞아. 갈매기는 정말 많은 특징이 있어.
영수   그렇게 두루뭉술하게 하지 말고 정확히 설명해 줘.
호식   갈매기의 모습을 봐. 아름답지? 설명은 됐고, 우선 밥부터 먹으러 가자.

속담 | ㄱ | ㄹ | ㅇ | ㄷ | 넘 | 어 | 가 | 듯 |

가로세로 낱말 퀴즈 '귀'가 들어가는 낱말

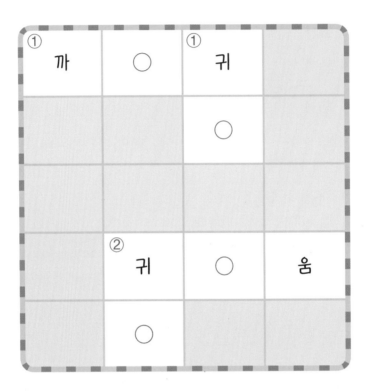

가로 → ① 까마귓과의 새를 통틀어 이르는 말

예 까○귀에 대한 속담이 정말 많다.

② 모양이나 행동이 앙증맞아 예쁘게 정겹게 여김

예 막내딸이 귀○움을 독차지했다.

세로 ↓ ① 사람이 죽은 뒤에 남는다는 넋

예 나 어젯밤에 귀○을 본 것 같아. 너무 무서워.

② 외국에 나가 있던 사람이 자기 나라로 돌아오거나 돌아감

예 아빠가 미국 출장을 마치고 귀○하셨다.

일일 엄마 프로젝트

들어오다

출근

앓다

앞다투다

속상하다

지지다

휴업

살펴보다

기원

기특하다

✎ 새롭게 알게 된 단어에 표시해 보세요.

앓다
병에 걸려 고통을 겪다
엄마가 너무 무리한 탓에
몸살을 앓았어요.

들어오다
밖에서 안으로 오게 하다
집 안으로 들어오니
새로운 기분이었어요.

출근
일터로 근무하러 나감
오늘은 엄마 대신 내가
출근해요.

지지다
열을 내는 것에 대어 찜질을 하다
아픈 허리를
핫팩으로 지졌어요.

앞다투다
남보다 잘하려고
경쟁적으로 애쓰다
동생과 앞다투어
설거지를 하려고
했어요.

속상하다
화가 나거나 걱정되어
마음이 불편하고 우울하다
엄마가 편찮으시니
속상해요.

기특하다
말이나 행동이 신통하여
귀염성이 있다
부모님이 우리를 보며
기특해 하셨어요.

기원
바라는 일이 이루어지기를 빎
얼른 아픈 게 낫기를
기원할게요.

휴업
사업이나 작업을 일시적으로
중단하고 쉼
오늘은 엄마가 집안일
휴업에 들어가셨어요.

살펴보다
두루두루 자세히 보다
내가 할 일이 없는지
살펴보았어요.

✔️ 단어와 뜻이 올바르게 연결될 수 있도록 중간에 선을 그어 사다리를 만들어 보세요.

앓다	지지다	앞다투다	들어오다

남보다 잘하려고 경쟁적으로 애쓰다	열을 내는 것에 대어 찜질을 하다	병에 걸려 고통을 겪다	밖에서 안으로 오게 하다

1 상황에 관련된 단어를 [보기]에서 골라 써 보세요.

> **보기**　　　살펴보다, 기특하다, 속상하다

① 왜 말도 없이 약속 장소에 나오지 않았니?　　　　　□

② 글을 한 번 읽고 어떻게 주제를 바로 알아챘어?　　　□

③ 지갑을 어디서 잃어버렸는지 한번 찾아볼래?　　　　□

2 빈칸에 공통으로 들어갈 한 글자를 써 보세요.

- 우리 부모님은 매일 아침 □ 근한다.

- 우리는 내일 집에서 □ 발한다.

- 입구는 오른쪽이고 □ 구는 왼쪽입니다.

3 밑줄 친 단어의 뜻을 [보기]에서 찾아 기호를 써 보세요.

> **보기**　　　㉠ 바라는 일이 이루어지기를 빎　　　㉡ 처음으로 생겨남 또는 근원

① 한글의 **기원**은 조선시대로 거슬러 올라간다.　　　□

② 축구 대표팀이 우승하기를 간절히 **기원**했다.　　　□

1 밑줄 친 단어와 바꾸어 쓸 수 있는 것을 골라 ○표 하세요.

우리 식당은 매주 일요일 **휴업**합니다.

➡ 휴교 / 휴무 / 휴식 / 휴직

2 빈칸에 공통으로 들어갈 단어를 찾아 V표 하세요.

- 어려운 문제를 풀려면 더 자세히 ＿＿＿＿＿＿＿봐야 해.
- 장난감이 어디 있는지 여기저기 ＿＿＿＿＿＿＿봐 봐.
- 책 121쪽을 ＿＿＿＿＿＿＿보면 답을 찾을 수 있어.

□ 물어	□ 거들떠	□ 살펴	□ 바라

3 빈칸에 들어갈 단어가 바르게 짝지어진 것을 고르세요.

- 부모님이 편찮으신 모습을 보니 너무 ＿＿＿＿㉠＿＿＿.
- 영수야, 도착했으면 밖에 있지 말고 어서 집으로 ＿＿＿＿㉡＿＿＿.
- 지친 몸을 이끌고 집에 가니 아이들이 ＿＿＿＿㉢＿＿＿ 청소를 깨끗이 해 놨다.

	㉠	㉡	㉢
①	속상해	들어와	기특하게도
②	화가 나	출근해	기특하게도
③	속상해	출근해	안타깝게도
④	화가 나	들어와	안타깝게도
⑤	속상해	출근해	기특하게도

[1~3] 다음 글을 읽고, 질문에 답하세요.

> 오늘은 엄마가 집안일 휴업에 들어가셨다. 우리를 챙기느라 몸살을 앓고 계시기 때문이다. 편찮으신 엄마를 보니 속상했다. 나는 내가 할 수 있는 집안일을 살펴보고 동생과 앞다투어 청소를 했다. 이런 우리를 보며 엄마가 기특하다고 하셨다. 아침에 출근하셨던 아빠도 집에 들어오시면서 우리를 칭찬해 주셨다. 엄마가 아픈 허리를 핫팩으로 지지는 동안 아빠가 맛있는 ⬜볶음탕과 ⬜똥집 요리를 해 주셨다. 우리 가족 모두 엄마가 얼른 낫게 해 달라고 기원하며 하루를 마쳤다.

1 윗글의 중심 내용에 맞게 빈칸에 들어갈 알맞은 단어를 써 보세요.

엄마의 집안일 ⬜ ㅎ ⬜ ㅇ

2 다른 이들이 글의 상황을 보고 엄마에게 해 줄 수 있는 말로 적절한 것에 V표 하세요.

① 가족들을 보니 웃음꽃이 활짝 필 것 같아요. ⬜
② 아이들을 보고 화가 치밀어 오르겠어요. ⬜
③ 사공이 많아서 배가 산으로 가네요. ⬜

3 윗글의 빈칸과 같은 단어가 들어가는 속담을 고르세요.

① 닭 잡아먹고 _____ 발 내민다
② _____ 쫓던 개 지붕 쳐다본다
③ 바늘 도둑이 _____ 도둑 된다
④ 똥 묻은 _____가 겨 묻은 _____ 나무란다
⑤ 얌전한 _____ 부뚜막에 먼저 올라간다

오늘의 사자성어

죽 마 고 우

竹 馬 故 友

대나무 죽　　말 마　　옛 고　　벗 우

　죽마고우에서 죽마(竹馬)는 한자를 보면 대나무로 만든 말로 이해가 되지만 실제로는 대나무 말을 다리에 끼우고서 말처럼 타는 놀이를 뜻합니다. 옛날 조상들이 많이 했던 놀이에요. 물론, 대나무 말 타기 외에 모래 장난, 돌 던지기 등 다른 놀이도 많이 했지요. 고우(故友)는 '옛 벗'이라는 뜻입니다. 즉, 죽마고우는 '어렸을 때부터 대나무 말을 함께 타고 놀던 소꿉친구'라는 뜻이죠. 어렸을 때부터 지금까지 우정을 유지하는 친구가 있다면 그 친구가 바로 '죽마고우'입니다.

　요즘 친구들은 대나무 말을 타고 놀기보다는 술래잡기, 숨바꼭질, 딱지치기를 주로 하겠죠? 달리기를 좋아하는 친구들도 많을 거라 생각합니다. 우리 친구들에게는 죽마고우가 있나요? 지금보다 더 어렸을 때부터 친하게 지낸 친구를 다른 사람에게 소개한다면 "얘는 제 죽마고우예요!"라고 해 보는 건 어떨까요?

사건의 재구성

물들다

간추리다

끊임없이

귀하다

꾸미다

방언

들이밀다

조사하다

엎드리다

단서

✏️ 새롭게 알게 된 단어에 표시해 보세요.

물들다

어떤 환경이나 사상 따위를 닮아 가다

안 좋은 생각은 주변을 쉽게 물들인다.

간추리다

중요한 점만을 골라 간략하게 정리하다

사건 내용을 간단하게 간추려 봐.

귀하다

아주 보배롭고 소중하다

가민이에게는 매우 귀한 물건이야.

꾸미다

거짓이나 없는 것을 사실인 것처럼 지어내다

범인이 의도적으로 꾸며낸 거짓말이야.

끊임없이

계속하거나 이어져 있던 것이 끊이지 않게

끊임없이 물건을 훔치려고 시도한 흔적이 있어.

단서

문제를 해결하는 방향으로 이끌어가는 첫 부분

범인이 남긴 쪽지가 이 사건의 중요한 단서야.

조사하다

내용을 알기 위해 자세히 살펴보거나 찾아보다

주변 인물들을 모두 조사해 봐야겠어.

엎드리다

상반신을 아래로 굽히거나 바닥에 대다

너무 졸려서 책상에 엎드려 있을 때 물건이 사라졌어.

방언

어느 한 지방에서만 쓰는 표준어가 아닌 말

쪽지에 특정 지역 방언 표현이 있었어.

들이밀다

바싹 갖다 대다

범인에게 얼굴을 불쑥 들이밀었어요.

✅ 그림을 보고 [보기]에서 알맞은 단어를 골라 써 보세요.

보기   귀하다, 조사하다, 엎드리다, 떠올리다

------------------   ------------------   ------------------   ------------------

1 밑줄 친 말과 바꾸어 쓸 수 있는 단어를 골라 ○표 하세요.

영수는 가민이가

물건을 훔친 것처럼 **꾸며냈다.**

모양냈다

지어냈다

살펴봤다

끊임없이 노력하면

무슨 일이든 다 할 수 있다.

부단히

틈틈이

종종

2 빈칸에 알맞지 <u>않은</u> 단어를 골라 V표 하세요.

① 몸과 마음이 덜 성숙한 아이들은 나쁜 행동에 쉽게 _____.

☐ 물든다　　☐ 전염된다　　☐ 발탁된다　　☐ 옮는다

② 칠판에 있는 내용을 모두 쓰지 말고 _____ 써 봐.

☐ 간추려서　　☐ 상세하게　　☐ 요약해서　　☐ 요점만

3 빈칸에 알맞은 낱말을 넣어 문장을 완성해 보세요.

① 용의자를 인터뷰해서 결정적인 ☐ㄷ ☐ㅅ 를 찾아냈어.

② 집에 가니 엄마가 내가 숨겨 놓은 시험지를 ☐ㄷ ☐ㅇ 미셨어.

1 다음 중 빈칸에 '단서'를 쓸 수 <u>없는</u> 것을 고르세요.

① 떨어진 볼펜이 결정적인 ＿＿＿＿＿＿로 쓰였다.

② 금속 활자의 발명은 인쇄술 발달의 ＿＿＿＿＿＿가 되었다.

③ 목격자가 사건 해결의 ＿＿＿＿＿＿를 쥐고 있다.

④ 축구와 야구는 ＿＿＿＿＿＿로 하는 스포츠다.

2 밑줄 친 단어의 뜻을 [보기]에서 찾아 기호를 써 보세요.

> 보기
>
> ㉠ 내용을 알기 위해 자세히 살펴보거나 찾아보다
>
> ㉡ 광선이나 방사선 따위를 쬐다

① 범인이 남긴 흔적을 **조사**해 보자. ☐

② 자외선 **조사**량에 따라 제품의 성질이 달라져. ☐

3 밑줄 친 단어의 뜻에 맞는 말을 골라 ○표 하세요.

① 부모에게 자녀는 세상 그 무엇보다도 **귀한** 존재이다.

➡ (신분이나 지위 따위가 하찮은 / 아주 보배롭고 소중한)

② 시치미를 떼는 범인에게 명백한 증거를 **들이밀었다.**

➡ (어떤 일에 돈이나 물건을 제공하다 / 바싹 갖다 대다)

※ '명백한'은 '의심할 바 없이 아주 뚜렷한'이라는 뜻이에요. 비슷한 단어로는 '확실한', '명확한'이 있어요.
예) 우리가 엄마, 아빠의 자녀라는 건 <u>명백한</u> 사실이야.

[1~2] 다음 글을 읽고, 질문에 답하세요.

오늘 우리 반에서 가민이가 귀하게 여기는 [   ] 필통이 사라졌다. 친구들은 엎드려 우는 가민이의 필통을 찾으려고 끊임없이 추리를 이어가다 바닥에서 결정적인 단서를 찾아냈다. 바로 방언 퀴즈 쪽지였다. 퀴즈를 풀면 가민이의 필통을 찾게 해 준다는 내용이었다. 친구들이 퀴즈를 풀려고 조사한 내용을 간추리고 있는데, 민찬이가 교실 한쪽 구석에서 주웠다며 필통을 가민이에게 들이밀었다. 민찬이가 꾸며낸 이야기일 수도 있지만 가민이의 필통을 찾았기 때문에 별 소동 없이 사건이 종료되었다.

1 아래의 뜻이 설명하는 단어를 윗글에서 찾아 써 보세요.

어느 한 지방에서만 쓰는 표준어가 아닌 말   [ ][ ]

2 윗글의 빈칸과 [보기]에 공통으로 들어갈 말에 ∨표 하세요.

보기
• _____ 쥐 생각한다   • _____ 목에 방울 달기
• _____ 에게 생선을 맡기다

[ ] 고양이   [ ] 강아지   [ ] 코끼리   [ ] 여우

3 대화의 흐름상 빈칸에 알맞은 표현을 고르세요.

신비 필통 예쁘다. 새로 샀어?
설화 부모님께서 사 주셨어. 귀엽지?

신비 나도 좀 만져 보자. 얼른!
설화 _____. 조금만 진정해.

① 귀가 참 밝구나.
③ 혀를 내둘렀구나.
⑤ 입에 거미줄을 치는구나.

② 코를 빠뜨렸구나.
④ 눈에 불을 켜는구나.

공부를 잘하려면!
잘 먹고 꾸준히 운동해요

　잘 먹고 운동해라! 부모님께 항상 듣는 말이죠? 어른들은 왜 항상 같은 이야기를 반복할까요? 여러분은 지금 몸과 마음이 쑥쑥 자라는 성장기예요. 성장기에는 풍부한 영양이 공급되어야 건강을 유지할 수 있죠. 햄버거, 탄산음료, 인스턴트, 소시지 같은 음식을 좋아하나요? 좋아할 수는 있지만 너무 많이 먹으면 안 됩니다. 비만이 되거나 건강이 나빠질 수 있고 공부할 때 집중하기도 어렵다고 해요. 몸에 안 좋은 간식은 줄이고 과일과 채소를 많이 먹는 식습관이 꼭 필요해요.

　또한, 밥을 먹을 때는 '맛없다', '싫다'라는 부정적인 표현과 편식하는 모습보다는 '맛있다', '좋다'라는 긍정적인 표현을 사용해 보세요. 어떤 음식이든 감사히 먹으며 식사 예절을 지키면 평소 좋아하지 않는 음식도 더 맛있게 먹을 수 있어요. 시간이 된다면 부모님과 함께 음식을 만들면 더 좋은 추억이 될 거예요.

　그리고 일주일에 3~4번은 땀 흘리는 운동을 30분 이상 하면 좋아요. 줄넘기, 달리기, 자전거 타기 등 다양한 운동을 해 보세요. '공부도 체력이다'라는 말이 있어요. 앞으로 열심히 공부하려면 체력이 뒷받침되어야 바른 자세로 공부를 할 수 있답니다.

꿈같은 달리기 시합

새침데기

굉장하다

격조

일리

닳다

경주

까슬까슬

술술

따라잡다

마비

✏️ 새롭게 알게 된 단어에 표시해 보세요.

격조

사람의 품격과 취향

미담이는 항상 격조 있는 말을 사용해.

새침데기

새침한 성격을 지닌 사람

새침데기 친구가 오늘은 반갑게 인사를 했어요.

일리

그런대로 타당하다고 여겨지는 이치

들어보니 네 말에도 일리가 있어.

굉장하다

아주 크고 훌륭하다

크고 멋진 대회장을 보니 "굉장해."라는 말이 절로 나왔어요.

경주

일정한 거리를 달려 빠르기를 겨루는 일

오늘은 달리기 경주가 있는 날이에요.

닳다

오래 쓰여서 물건이 낡아지거나 두께, 크기가 줄어들다

신발을 오래 신어서 밑창이 거의 다 닳았어.

까슬까슬

매끄럽지 않고 까칠하거나 빳빳한 모양

달리기 트랙을 만져 보니 까슬까슬했어요.

따라잡다

앞선 것에 가까이 가서 나란히 되다

있는 힘껏 달려 1등을 따라잡았어요.

마비

신경이나 근육이 형태의 변화 없이 기능을 잃어버림

결승선을 지나니 다리가 마비된 것처럼 뻣뻣해졌어요.

술술

말이나 글이 막힘없이 잘 나오거나 써지는 모양

인터뷰에서도 자신 있게 술술 대답했어요.

✅ 빈칸에 들어갈 단어로 알맞은 것을 이어 보세요.

① 민수는 항상 ☐☐ 있는 말을 사용해. •   • 술술

② 해솔이는 생각을 ☐☐ 이야기해. •   • 격조

③ 오늘은 100미터 ☐☐를 할 거야. •   • 마비

④ 무거운 걸 들었더니 팔이 ☐☐ 된 것 같아. •   • 경주

1 뜻에 알맞은 단어를 찾아 선으로 연결하고 빈칸에 써 보세요.

닳	굉	닳	기	장
까	슬	까	슬	데
은	하	건	닳	다
굉	다	장	하	슬
새	침	데	기	까

① ☐ ☐ : 오래 쓰여서 물건이 낡아지거나 두께, 크기가 줄어들다

② ☐ ☐ ☐ ☐ : 새침한 성격을 지닌 사람

③ ☐ ☐ ☐ ☐ : 매끄럽지 않고 까칠하거나 빳빳한 모양

2 문장이 완성되도록 괄호 안에서 알맞은 단어를 고르세요.

① 네 의견에도 (일리 / 일치)가 있지만, 다수의 의견을 따르자.

② 민수는 미술 시간에 만든 (굉장한 / 보잘것없는) 작품으로 1등을 했어.

③ 거북이는 엉금엉금 기어서 토끼를 (따라잡았다 / 바로잡았다).

3 밑줄 친 단어와 바꾸어 쓸 수 <u>없는</u> 것을 골라 ○표 하세요.

지민이는 연필심이 다 **닳을** 정도로 열심히 공부했다.

➡ 사라질 / 자라날 / 바닥날 / 줄어들

1 주어진 단어의 뜻을 참고해 문장의 빈칸에 알맞은 말을 써 보세요.

> • 술술: 말이나 글이 막힘없이 잘 나오거나 써지는 모양
>
> • 슬슬: 서두르지 않고 천천히 행동하는 모양
>
> • 솔솔: 바람이 보드랍게 부는 모양

① 이제 _____ 수업을 시작해 볼까?

② 봄바람이 _____ 분다.

③ 오늘 일기는 _____ 잘 써진다.

2 밑줄 친 단어의 뜻을 [보기]에서 찾아 기호를 써 보세요.

> 보기
> ㉠ 신경이나 근육이 형태의 변화 없이 기능을 잃어버림
> ㉡ 본래 기능이 둔하여지거나 정지되는 일을 비유적으로 이르는 말

① 너무 많은 전화로 콜센터 업무가 **마비**되었다. ☐

② 무서운 영화를 보니 온몸이 **마비**된 느낌이었다. ☐

③ 심장**마비** 예방을 위해 평소 꾸준한 운동이 필요하다. ☐

3 밑줄 친 부분과 바꾸어 쓸 수 있는 말을 [보기]에서 찾아 문장을 다시 써 보세요.

> 보기　　　싸움, 발사, 시합, 축제

오늘은 토끼와 거북이의 달리기 **경주**가 있는 날이야.

➡

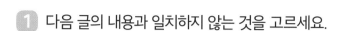

1 다음 글의 내용과 일치하지 <u>않는</u> 것을 고르세요.

> 우리 학교 달리기 대표는 나와 새침데기 서영이, 격조 높은 말을 쓰는 미선이다. 경주에 서영이를 마지막 주자로 내보내자는 주장도 일리가 있었지만, 더 빠른 내가 마지막 주자로 결정됐다. 운동화 밑창이 닳을 정도로 연습을 열심히 했다. 대회 당일에 차에서 내려 크고 멋진 대회장을 보니 "굉장해."라는 말이 절로 나왔다. 출발선에서 만져 본 트랙은 까슬까슬했다. 나는 2등으로 달리다가 1등을 따라잡아 결승선에 가장 먼저 도착했다. 다리가 마비된 것처럼 뻣뻣했지만 무척이나 기뻤다. 정말 잊지 못할 하루였다.

① 서영이는 새침한 성격이다.
② 미선이는 품격 있는 말투를 사용한다.
③ 서영이가 마지막 주자로 시합에 참여했다.
④ 달리기 트랙은 매끄럽지 않고 까칠했다.
⑤ 우리 학교가 달리기 시합에서 1등을 했다.

2 다음 속담을 사용할 수 있는 상황에 V표 하세요.

속담 낮말은 새가 듣고 밤말은 쥐가 듣는다
뜻 아무도 안 듣는 데서라도 말을 조심해야 한다.

① 서영이와 미선이와 나는 힘을 합쳐 달리기 연습을 열심히 했다.　☐
② 힘들 때마다 미선이의 "할 수 있어."라는 격려가 큰 힘이 되었다.　☐
③ 서영이가 내 험담을 한 사실을 친구에게 전해 듣고 기분이 나빴다.　☐

3 서로 비슷한 뜻을 지닌 단어끼리 묶인 것을 고르세요.

> ㉠ 닳다 – 줄어들다 ㉡ 굉장하다 – 웅장하다
> ㉢ 마비 – 전진 ㉣ 따라잡다 – 따라다니다

① ㉠, ㉡　　　② ㉠, ㉣　　　③ ㉡, ㉢
④ ㉡, ㉣　　　⑤ ㉢, ㉣

가로세로 낱말 퀴즈 '새'가 들어가는 낱말

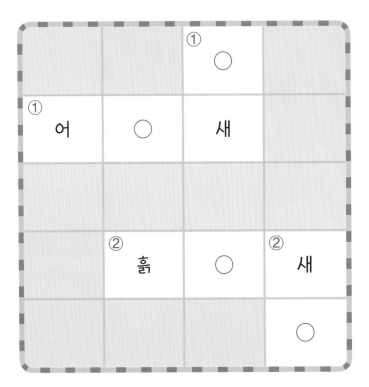

가로 → ① 어느 틈에 벌써

　　　　예 엊그제 입학한 것 같은데 어○새 졸업이다.

　　② 흙에서 나는 냄새

　　　　예 놀이터에 가면 흙○새가 난다.

세로 ↓ ① 이제까지의 매우 짧은 동안

　　　　예 동생의 키가 ○새 부쩍 컸다.

　　② 일을 하다가 잠깐 쉬면서 먹는 음식

　　　　예 힘든 농사일 중간에는 새○을 먹으며 휴식을 취한다.

11

꿀꿀 아기 돼지 삼 형제

아늑하다

결심

자칫

천적

낚아채다

연약하다

설마

기왕

어슬렁대다

허물다

✏️ 새롭게 알게 된 단어에 표시해 보세요.

아늑하다

따뜻하고 포근한 느낌이 있다

아기 돼지 삼 형제는 아늑한 집에 살아요.

천적

잡아먹히는 생물에 대하여 잡아먹는 생물

돼지의 천적인 늑대가 나타났어요.

결심

할 일에 대하여 어떻게 하기로 마음을 굳게 정함

튼튼한 집을 짓겠다고 결심했어요.

낚아채다

무엇을 갑자기 세차게 잡아당기다

늑대는 도망가던 돼지의 옷을 낚아챘어요.

자칫

어쩌다가 조금 어긋남

자칫 잘못하면 큰일이 날 뻔했어요.

설마

그럴 일은 없겠지만

설마했는데 늑대가 집을 무너뜨렸어요.

연약하다

무르고 약하다

둘째 돼지는 연약하고 감기에 자주 걸렸어요.

어슬렁대다

큰 사람이나 짐승이 몸을 조금 흔들며 걸어 다니다

늑대는 집 주변을 어슬렁댔어요.

허물다

지어져 있는 것을 헐어서 무너지게 하다

늑대가 단숨에 집을 허물어 버렸어요.

기왕

이미 그렇게 된 바에

기왕에 무너진 집이니 벽돌로 다시 지어야 해요.

✅ 단어의 뜻과 문장을 참고하여 빈칸에 알맞은 말을 써 보세요.

뜻 | 문장

① 따뜻하고 포근한 느낌이 있다 ➡️ 우리 집은 늘 [ㅇ][ㄴ][ㅎ][ㄷ] .

② 잡아먹히는 생물에 대하여 잡아먹는 생물 ➡️ 개구리의 [ㅊ][ㅈ] 은 뱀이다.

③ 이미 그렇게 된 바에 ➡️ [ㄱ][ㅇ] 이면 더 큰 옷을 사는 건 어때?

④ 무엇을 갑자기 세차게 잡아당기다 ➡️ 동생의 장난감을 [ㄴ][ㅇ][ㅊ][ㄷ] .

1 빈칸에 공통으로 들어갈 한 글자를 써 보세요.

- 공부를 열심히 하자고 [ ] 심했다.

- 오늘은 누가 더 멀리 뛰는지 [ ] 판을 지어 보자.

- 짬뽕 대신에 짜장면 먹는 걸로 [ ] 정된 거지?

2 대화의 빈칸에 들어갈 알맞은 단어를 써 보세요.

철수 [ㅈ][ㅊ] 하면 개구리가 돌에 맞을 뻔했어.

영희 그냥 물에다가 돌 던지는 건데 뭐. [ㅅ][ㅁ] 맞겠어?

철수 안 돼! 무심코 던진 돌에 개구리는 죽는다는 말도 있어.

영희 그래? 앞으로 조심해야겠다.

3 다음 표에 있는 단어의 비슷한 말과 반대말을 [보기]에서 찾아 써 보세요.

보기		가냘프다, 쌓다, 튼튼하다, 무너뜨리다

	비슷한 말	반대말
연약하다		
허물다		

1 밑줄 친 부분과 바꾸어 쓸 수 있는 단어를 고르세요.

> **기왕이면** 더 큰 장난감을 사는 게 어때?

① 가끔이면   ② 물어보면   ③ 살펴보면   ④ 이왕이면   ⑤ 매일매일

2 대화의 밑줄 친 단어의 뜻으로 알맞은 것을 골라 ○표 하세요.

> 현수 공원에서 따뜻한 봄바람을 맞으면 **아늑한** 느낌이 들어.
>
> 이현 나는 집에서 그런 느낌을 자주 받아.
>
> ➡ (따뜻하고 / 차갑고) (불편한 / 포근한) 느낌이 있다

3 다음 중 [보기]의 단어를 사용해 만들 수 <u>없는</u> 문장을 고르세요.

> | 보기 | 어슬렁대다, 낚아채다 |

① 호랑이가 집 주변을 [   ].

② 몰래 준비한 깜짝 선물을 친구에게 [   ].

③ 어부가 물고기를 확 [   ].

④ 오토바이를 탄 도둑이 다른 사람의 가방을 [   ].

[1~3] 다음 글을 읽고, 질문에 답하세요.

> 아기 돼지 삼 형제는 아늑한 집에서 함께 살았어요. 그러던 어느 날 돼지의 천적인 늑대가 나타났어요. 설마했는데 늑대가 집을 허물어 버리자 돼지들은 깜짝 놀랐어요. 늑대는 연약한 둘째 돼지의 옷을 낚아챘어요. 다행히 옷이 찢어져 살았지만, 자칫 잘못하면 큰일 날 뻔했죠. 집이 무너진 건 형 탓이라고 동생들이 무심코 던진 말에 첫째 돼지는 상처를 받았어요. 돼지들은 튼튼한 집을 짓겠다고 결심했어요. 기왕이면 튼튼한 집을 짓자던 셋째 돼지의 말에 ▢를 기울이지 않은 걸 모두 후회했답니다. 결국 아기 돼지 삼 형제는 집을 다시 지었어요. 이번에도 늑대가 주변을 어슬렁대며 집을 무너뜨리려 했지만 튼튼한 벽돌집이라 무너지지 않았어요.

1 윗글을 읽고 알게 된 내용으로 알맞지 <u>않은</u> 것을 고르세요.

① 늑대는 돼지를 잡아먹는다.   ② 둘째 돼지는 옷을 입고 있었다.

③ 벽돌집은 견고하게 지어져 붕괴되지 않았다.   ④ 아기 돼지 삼 형제는 같은 집에 살았다.

⑤ 처음 살던 집은 튼튼하게 짓지 않아서 태풍에 무너졌다.

2 다음은 어려움에 처했을 때 돼지들이 한 생각입니다. 적절한 표현으로 알맞은 것을 골라 V표 하세요.

> 저 밖에 늑대가 나타났어. 어떻게 해야 할까? 지금 바로 도망갈 수 있을까? 너무 무서워.

① 돼지들은 발을 동동 굴렀다. ▢   ② 돼지들은 발을 뺐다. ▢

③ 돼지들은 발 뻗고 잤다. ▢

3 윗글의 빈칸과 [보기]에 공통으로 들어갈 말에 V표 하세요.

> **보기**   • ＿＿＿＿＿＿(이)가 얇다   • ＿＿＿＿＿＿(이)가 어둡다

▢ 귀   ▢ 코   ▢ 눈   ▢ 입

오늘의 사자성어

대 기 만 성

大 (큰 대) 器 (그릇 기) 晚 (늦을 만) 成 (이룰 성)

큰 대   그릇 기   늦을 만   이룰 성

　대기만성은 '큰 사람이 되려면 많은 노력과 시간이 필요하다'는 뜻이에요. 성공을 재촉하기보다는 꾸준히 노력하면 결국은 뜻을 이룰 수 있게 된다는 의미죠. 삼국시대에 최염이라는 대단한 장군이 있었어요. 최염 장군이 집에 돌아왔다는 소식에 마을 사람들은 인사를 하기 위해 그의 집에 들렀습니다. 그날 밤 최염 장군은 친척들과 함께 모두 모였어요. 친척들은 최염 장군을 칭찬하며 동시에 사촌 동생인 최림을 마땅치 않게 여겼어요. 비슷한 나이에 여전히 공부만 하고 있었기 때문이었죠. 이때 최염 장군은 어르신들에게 "큰 그릇은 늦게 이루어지는 법인 것처럼 큰 인물도 성공에는 시간이 오래 걸립니다."라고 단호하게 이야기했습니다. 그러고는 최림을 진심으로 위로해 주었어요. 최림은 후에 어떤 사람이 되었을까요? 시간이 흘러 최림은 황제를 최측근에서 보좌하는 삼공 중 한 명이 되었어요. 대단하지 않나요?

　여러분들도 지금 열심히 공부하지만 성적이 오르지 않는다고 너무 걱정하지 마세요. 끊임없이 노력하면 언제든 큰 성공을 거둘 수 있기 때문이에요. 당장 내일 시험도 중요하지만 열심히 책을 읽고 어휘 공부를 하다 보면 좋은 성적을 받을 수 있을 거예요.

12

위험한 장난은 안 돼요

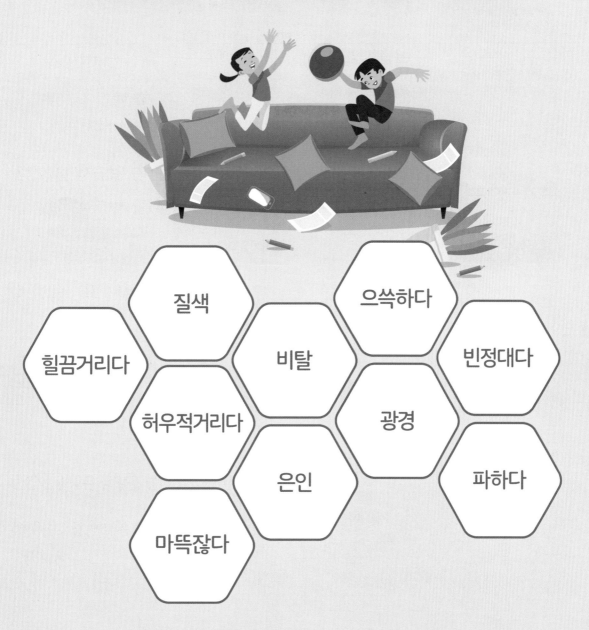

질색

으쓱하다

힐끔거리다

비탈

빈정대다

허우적거리다

광경

은인

파하다

마뜩잖다

✏️ 새롭게 알게 된 단어에 표시해 보세요.

질색
몹시 싫어하거나 꺼림
난 높은 곳은
딱 질색이야.

비탈
산이나 언덕 따위가
기울어진 상태나 정도
이 산은 비탈이
너무 가팔라
위험해 보여요.

으쓱하다
어깨를 들먹이며 우쭐해하다
친구는 깊은 물속에서
으쓱하며
웃었어요.

빈정대다
남을 은근히 비웃는 태도로
자꾸 놀리다
친구는 나를 겁쟁이라며
빈정댔어요.

힐끔거리다
가볍게 곁눈질하여
자꾸 슬쩍슬쩍 쳐다보다
사람들이 힐끔거리는
시선이 느껴졌어요.

광경
벌어진 일의 형편과 모양
이 광경을 본 여행객이
나를 물에서
꺼내줬어요.

마뜩잖다
마음에 들 만하지 아니하다
주변의 마뜩잖은 눈빛에
친구는 다시 물속으로
들어갔어요.

파하다
어떤 일을 마치거나 그만두다
위험한 등산 모임이
드디어 파했어요.

허우적거리다
손발 따위를 자꾸
이리저리 마구 내두르다
물속으로 미끄러져
허우적거렸어요.

은인
자신에게 은혜를 베푼 사람
제 생명의 은인이에요.
정말 감사해요.

✔️ 단어와 뜻이 올바르게 연결될 수 있도록 중간에 선을 그어 사다리를 만들어 보세요.

빈정대다	마뜩잖다	으쓱하다	허우적거리다
어깨를 들먹이며 우쭐해하다	손발 따위를 자꾸 이리저리 마구 내두르다	남을 은근히 비웃는 태도로 자꾸 놀리다	마음에 들 만하지 아니하다

1 아래의 상황과 관련된 단어를 [보기]에서 찾아 써 보세요.

> [보기]　　　　은인, 힐끔거리다, 비탈

① 언덕이 너무 가팔라 보여.　　　　　　　　[ ]

② 사람들이 지나가며 피에로를 곁눈질했다.　　[ ]

③ 준비물이 없어서 혼날 뻔했는데 빌려줘서 정말 고마워.　　[ ]

2 빈칸에 공통으로 들어갈 한 글자를 써 보세요.

- 눈앞에 환상적인 [ ]경이 펼쳐졌다.
- 요즘에 형[ ]색 옷이 유행이야.
- 제 작품으로 전시회를 열게 되어 영[ ]입니다.

3 밑줄 친 단어의 뜻을 [보기]에서 찾아 기호를 써 보세요.

> [보기]
> ㉠ 어떤 일을 마치거나 그만두다
> ㉡ 적을 쳐부수어 이기다

① 이순신 장군이 왜군을 **파했다**.　　[ ]

② 시간이 늦었으니 모임을 **파하자**.　　[ ]

1 밑줄 친 부분과 바꾸어 쓸 수 없는 단어를 골라 ○표 하세요.

영근이는 친구를 칭찬하기보다는 **빈정대기**를 자주 한다.

➡ 비꼬기 / 놀리기 / 조롱하기 / 떠받들기

2 빈칸에 공통으로 들어갈 알맞은 단어를 찾아 V표 하세요.

- 미숙이는 강아지들이 옆에 오면 ＿＿＿＿＿＿한다.
- 난 다른 친구 뒷담화하는 친구들은 딱 ＿＿＿＿＿이야.
- 아가들은 병원이라면 ＿＿＿＿＿하고 운다.

☐ 질척 ☐ 질색 ☐ 화색 ☐ 변색

3 빈칸에 들어갈 단어가 바르게 짝지어진 것을 고르세요.

- 부모님은 0점짜리 내 시험지를 ＿＿＿⑦＿＿＿ 생각하셨다.
- 은주는 달리기에서 1등을 하고 어깨를 ＿＿＿ⓒ＿＿＿.
- 대식이가 물에 빠져 팔다리를 ＿＿＿ⓒ＿＿＿.

	⑦		ⓒ		ⓒ
①	교묘하게	……	으쓱했다	……	허우적거렸다
②	마뜩잖게	……	늘어뜨렸다	……	허무맹랑했다
③	마뜩잖게	……	으쓱했다	……	허우적거렸다
④	마뜩잖게	……	으쓱했다	……	허무맹랑했다
⑤	교묘하게	……	늘어뜨렸다	……	허우적거렸다

[1~3] 다음 글을 읽고, 질문에 답하세요.

> 친구들과 등산하던 중 가파른 비탈을 만났다. 봉식이는 높은 곳은 질색이라며 돌아가자고 했다. 옆으로 돌아가니 계곡이 나왔다. 한 친구가 "하나, 둘, 셋"을 외치고 계곡으로 뛰어들더니 어깨를 으쓱했다. 무섭다는 나를 보며 겁쟁이라고 빈정댔다. 다른 친구들도 나와 봉식이를 힐끔거렸다. 주변의 마뜩잖은 눈빛에 뛰어들어야 하나 고민하고 있는데, <u>가장 믿었던 친구가 내 등을 떠밀어 버려 나는 물속에서 허우적거렸다.</u> 이 광경을 본 여행객이 나를 물에서 꺼내 줬다. 내 생명의 은인이었다. 크게 놀란 친구들은 내게 미안하다며 사과를 했고, 우리 등산 모임은 파했다.

1 다음에서 설명하고 있는 단어를 윗글에서 찾아 써 보세요.

- 어떤 일이 벌어졌을 때 형편과 모양을 표현하는 단어예요.
- 비슷한 단어로 '모습', '장면'이 있어요.

⬜⬜

2 윗글의 밑줄 친 내용과 관련된 속담을 골라 V표 하세요.

① 발 없는 말이 천 리 간다 ⬜

② 믿는 도끼에 발등 찍힌다 ⬜

③ 고래 싸움에 새우 등 터진다 ⬜

④ 낫 놓고 기역 자도 모른다 ⬜

3 윗글의 "하나, 둘, 셋"처럼 숫자가 들어가지 <u>않는</u> 속담을 고르세요.

① _____ 살 버릇 여든까지 간다   ② 하루 _____ 끼 밥 먹듯

③ _____ 를 보면 열을 안다   ④ _____ 만 알고 둘은 모른다

⑤ _____ 밑이 어둡다

가로세로 낱말 퀴즈 '가'가 들어가는 낱말

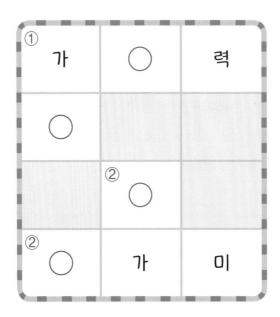

가로 → ① 노래를 부르는 능력

예 너는 가○력이 좋아서 가수를 하면 되겠어.

② 물고기의 호흡 기관

예 깊은 물속에 사는 물고기는 ○가미로 숨을 쉬어.

세로 ↓ ① 생김새를 감추기 위해 얼굴에 쓰는 물건

예 동화에서 공주는 가○을 쓰고 무도회에 갔어.

② 일정한 기간 동안 일을 쉼

예 가족들과 여름 ○가를 보내러 시골에 가기로 했어.

새해 첫 일출

떠오르다

높다

다양

설레다

소개

생생하다

주요

관측

모습

확대

✏️ 새롭게 알게 된 단어에 표시해 보세요.

떠오르다
솟아서 위로 오르다
저 멀리 태양이
떠올라요.

높다
아래에서 위까지의 길이가 길다
높은 산에 오르면
기분이 좋아요.

설레다
마음이 들떠서 두근거리다
새해 첫
태양을 볼 생각에
설레요.

소개
모르는 사실이나 내용을
잘 알도록 설명함
한국산은
일출 명소로 신문에
소개되었어요.

생생하다
바로 눈앞에 보는 것처럼
명백하고 또렷하다
태양을 관측한 기억이
아직도 생생해요.

주요
주되고 중요함
한국산의
주요 관광객은 가족 단위
내국인들이에요.

다양
모양, 빛깔, 형태가 여러 가지로 많음
사람들의 옷차림은
형형색색 다양해요.

관측
육안이나 기계로 천체나 기상을
관찰하고 측정함
다음에는 별자리를
관측하러 천문대에
가 보자.

확대
모양이나 규모를 더 크게 함
태양을 더 크게 확대해서
보고 싶어요.

모습
자연이나 사물 따위의
겉으로 나타난 모양
사람들이 질서를
지키는 모습이
보기 좋아요.

✔️ 단어의 뜻과 문장을 참고하여 빈칸에 알맞은 말을 써 보세요.

뜻	문장
① 마음이 들떠서 두근거리다	➡ 새 학기 첫날에는 누구나 ㅅ ㄹ ㄷ.
② 주되고 중요함	➡ 연극의 ㅈ ㅇ 등장인물은 코끼리야.
③ 모르는 사실이나 내용을 잘 알도록 설명함	➡ 외국인에게 한국에 대해 ㅅ ㄱ 하다.
④ 모양, 빛깔, 형태가 여러 가지로 많음	➡ 24색 색연필로 ㄷ ㅇ 한 색깔을 표현할 수 있어.

1 빈칸에 공통으로 들어갈 한 글자를 써 보세요.

- 천체 망원경으로 별자리를 [   ]측할 수 있다.

- 선미는 집에서 개미를 [   ]찰하는 취미가 있다.

- 한국 유원지는 유명한 [   ]광지로 소개된다.

2 대화의 빈칸에 들어갈 알맞은 단어를 써 보세요.

철수 태양이 떠오르는 [ㅁ][ㅅ]을 보고 할 말을 잃었어.

영희 사진이나 영상으로 보는 것과 느낌이 많이 달라?

철수 응, 직접 보니 [ㅅ][ㅅ][ㅎ] 감동을 느꼈어.

3 다음 표에 있는 단어의 비슷한 말과 반대말을 [보기]에서 찾아 써 보세요.

보기	지다, 축소, 솟아오르다, 확장

	비슷한 말	반대말
떠오르다		
확대		

1 밑줄 친 부분과 바꾸어 쓸 수 있는 단어를 고르세요.

> 전시회에서 도슨트의 **소개**로 작품을 순서대로 감상했다.
>
> ※ 도슨트: 전시회에서 해설해 주는 사람

① 안내   ② 중개   ③ 추천   ④ 알선   ⑤ 천거

2 대화의 밑줄 친 단어의 뜻으로 알맞은 것을 골라 〇표 하세요.

현수 오늘 소풍 너무 신난다. 맛있는 점심 싸 왔어?

이현 응. 너무 재미있을 것 같아. 두근두근 **설렌다.**

➡ 마음이 (들떠서 / 가라앉아서) (두근거리다 / 차분해지다)

3 [보기]의 밑줄 친 단어와 같은 뜻으로 쓰인 것을 고르세요.

> 보기   동해에서 태양이 **떠오르는** 모습을 바라보았다.

① 물속에 있던 슬리퍼가 **떠올랐다.**

② 어려운 문제를 푸는 방법이 **떠올랐다.**

③ 맛있는 음식을 먹고 얼굴에 미소가 **떠올랐다.**

④ 어제 영희가 했던 말이 문득 **떠올랐다.**

⑤ 피자를 똑같이 나누어 먹을 수 있는 해결책이 **떠올랐다.**

❖어휘 꿀팁

'떠오르다'는 '솟아서 위로 오르다' 외에도 '기억이 되살아나다', '어떤 표정이 나타나다'라는 뜻도 있어요.

1 다음 글을 읽고, 유추할 수 있는 내용이 <u>아닌</u> 것을 고르세요.

> 우리 가족은 새해를 맞아 일출을 보기 위해 새벽같이 일출 명소로 소개된 한국산으로 떠났다. 높은 산에 올라 설레는 마음으로 다양한 사람들을 구경했다. 주요 관광객들은 가족 단위로 온 내국인들이었다. 기다리던 태양이 떠오르는 웅장한 모습에 모두 할 말을 잃었다. 태양을 확대해서 더 가까이 보고 싶은 마음이 들었다. 며칠이 지나도 떠오르는 태양을 직접 본 기억이 아직도 생생하다. 다음에는 별자리를 관측하러 천문대에 가도 좋을 것 같다.

① 일출의 뜻은 해가 뜨는 것이다.　　② 일출을 보려면 새벽부터 미리 기다리는 게 좋다.

③ 일출은 높은 산에서 잘 보인다.　　④ 사람들은 일출을 보고 감동을 느낀다.

⑤ 일출은 주로 연인들이 보러 온다.

2 다음 글의 빈칸에 들어갈 표현으로 알맞은 것을 골라 V표 하세요.

> 한국산에서 일출을 보고 조심조심 산을 내려왔다. 내려오는 길에 아빠는 아는 사람들을 여러 명 만났다. 아빠는 참 _____. 나도 아빠처럼 친구를 많이 사귀고 싶다.

① 발이 뜸하다 ☐　　　② 발이 넓다 ☐　　　③ 발이 빠르다 ☐

3 글의 흐름상 빈칸에 들어갈 알맞은 단어를 써 보세요.

> 한국산에 함께 올라간 우리 가족을 ［ ㅅ ］ ［ ㄱ ］ 하고자 한다. 나와 동생은 부모님이 40살 넘어 낳은 늦둥이다. 그리고 나와 동생은 3분 간격으로 태어난 쌍둥이다. 내 별명은 사랑둥이고 동생의 별명은 귀염둥이다.

❖어휘 꿀팁

※ -둥이: '그러한 성질이 있거나 그와 긴밀한 관련이 있는 사람'이라는 뜻을 더하는 접미사

접미사: 어근이나 단어의 뒤에 붙어 새로운 단어가 되게 하는 말

오늘의 사자성어

사 면 초 가

四 面 楚 歌

넉 사   얼굴 면   초나라 초   노래 가

사면초가는 '사방이 초나라의 노래'라는 뜻입니다. 초나라 항우와 한나라 유방이 천하를 다투며 전쟁하던 중이었죠. 초나라의 군사들은 싸움에서 계속 패하며 궁지에 몰렸지만 쉽게 항복하지 않았어요. 방법을 고민하던 한나라 군대는 초나라 군사를 둘러싸고 슬픈 초나라 노래를 매일 밤 들려주기 시작했습니다. 초나라 군사들은 고향 생각에 잠겨 울기도 하고 몰래 도망치기 시작했죠. 이렇게 병사들도 다 도망가고 아무에게도 도움을 받지 못하게 된 고독한 항우에게서 이 사면초가란 말이 유래됐습니다.

사면초가(四面楚歌)는 누구에게 도움 받을 수도 없는 난처한 상황에 남겨졌을 때 쓰이는 사자성어예요. 예를 들어, 친구의 볼펜이 너무 탐나서 몰래 만지다가 고장이 났어요. 당황해서 내 자리로 돌아왔죠. 볼펜이 고장 난 친구는 울고 친구들은 나를 의심합니다. 내 손을 보니 볼펜 잉크가 잔뜩 묻어 있어요. 이럴 때 사면초가가 쓰일 수 있어요. 물론, 친구의 물건을 고장 냈다면 바로 사과를 하는 건 기본입니다!

14

우리의 문화유산을 사랑해요

계승

보존

우수성

지정

존중

근처

고유

업적

유산

발달

✏️ 새롭게 알게 된 단어에 표시해 보세요.

계승

조상의 전통이나 문화유산을 물려받아 이어 나감

우리 민족의 문화를 계승해야 해요.

지정

어떤 것에 특정한 자격이 주어짐

남한산성은 유네스코 문화유산으로 지정되었어요.

보존

잘 보호하고 간수하여 남김

문화유산을 아끼고 보존해야 해요.

존중

높이어 귀중하게 대함

문화재는 존중받을 만한 가치가 있어요.

우수성

여럿 가운데 뛰어난 특성

한글의 우수성은 전 세계가 인정하고 있어요.

고유

본래부터 가지고 있어 특유한 것

온돌은 우리나라의 고유한 난방 장치예요.

근처

가까운 곳

여기 근처에 고려 시대의 유적지가 있어요.

유산

앞 세대가 물려준 사물 또는 문화

선조의 근면 성실함은 본받아야 할 값진 유산이에요.

발달

학문, 기술, 사회 등이 보다 높은 수준에 이름

측우기로 전통 과학 기술의 발달을 살펴볼 수 있어요.

업적

어떤 사업이나 연구 따위에서 세운 공적

세종대왕은 여러 가지 위대한 업적을 남겼어요.

✅ 단어와 뜻이 올바르게 연결될 수 있도록 중간에 선을 그어 사다리를 만들어 보세요.

보존	지정	고유	우수성
어떤 것에 특정한 자격이 주어짐	본래부터 가지고 있어 특유한 것	잘 보호하고 간수하여 남김	여럿 가운데 뛰어난 특성

1 상황에 맞는 단어를 [보기]에서 골라 써 보세요.

보기   발달, 계승, 존중

① 문화재들은 조상 대대로 이어져 내려오고 있어.

② 과학 기술의 발전으로 더 살기 편한 세상이 오고 있어.

③ 친구의 말을 경청하고 배려하고 사랑하자.

2 빈칸에 공통으로 들어갈 한 글자를 써 보세요.

- 여기 [   ]처에 맛있는 떡볶이 집이 있다.

- [   ]위대는 임금을 가까이서 호위하는 부대다.

- 서울 [   ]교로 당일치기 여행을 많이 간다.

3 밑줄 친 단어의 뜻을 [보기]에서 찾아 기호를 써 보세요.

보기   ㉠ 앞 세대가 물려준 사물 또는 문화
       ㉡ 죽은 사람이 남겨 놓은 재산

① 우리의 문화**유산**을 아끼고 사랑해야 한다.

② 할아버지는 손자에게 많은 **유산**을 남기셨다.

1 밑줄 친 단어와 바꾸어 쓸 수 <u>없는</u> 것을 골라 ○표 하세요.

세종대왕의 **업적**은 한글 창제이다.

➡ 성과 / 공적 / 공로 / 자취

2 빈칸에 공통으로 들어갈 단어를 찾아 V표 하세요.

- 시험 볼 때는 _____된 자리에 앉는다.

- 전염병에 걸리면 _____ 병원에서 치료를 받는다.

- 어린이날이 일요일이어서 다음날이 대체 공휴일로 _____되었다.

☐ 지정   ☐ 규정   ☐ 지목   ☐ 제한

3 빈칸에 들어갈 단어가 바르게 짝지어진 것을 고르세요.

- 우리 민족의 고유문화를 _____ ㉠ _____ 하고 발전시켜야 해.

- 반도체 분야 1등은 우리나라 기술력의 _____ ㉡ _____ 을 보여 주는 사례야.

- 환경을 _____ ㉢ _____ 하기 위해 일회용품 사용량을 줄여야 해.

	㉠		㉡		㉢
①	계승	⋯⋯⋯	필연성	⋯⋯⋯	보존
②	필승	⋯⋯⋯	필연성	⋯⋯⋯	보존
③	계승	⋯⋯⋯	우수성	⋯⋯⋯	보존
④	필승	⋯⋯⋯	우수성	⋯⋯⋯	개발
⑤	계승	⋯⋯⋯	필연성	⋯⋯⋯	개발

[1~3] 다음 글을 읽고, 질문에 답하세요.

> 세종대왕의 업적으로 유명한 한글은 유네스코 세계기록 유산으로 지정되었다. 최근 한글의 우수성을 전 세계가 주목하고 있다. 한글 외에도 창덕궁, 석굴암 등 다양한 문화유산이 유네스코 세계유산에 등록되어 있다. 우리는 이러한 값지고 □중한 유산과 고유문화를 계승해 보존하고 발전시킬 의무가 있다. 검색 한 번이면 근처 유적지를 찾아볼 수 있으니 시간 날 때 가족과 함께 방문해 보자.
> 한글의 우수성과 더불어 최근 반도체, 선박 등 과학 기술의 발달로 세계의 이목이 우리나라에 집중되고 있다. 옛 문화와 현재 문화를 존중하고 사랑할 때 더 멋진 나라로 발전할 수 있다.

1 윗글에 나온 단어 중 주어진 설명에 맞는 것을 찾아 써 보세요.

- 친구들 사이에 필요한 것이에요.
- 배려와 함께 주로 쓰이는 단어예요.
- 두 글자의 초성이 똑같아요.

▢ ▢

2 윗글의 빈칸과 [보기]에 공통으로 들어갈 말에 V표 하세요.

보기
- _____ 잃고 외양간 고친다
- _____ 닭 보듯
- 바늘 도둑이 _____ 도둑 된다

▢ 소   ▢ 산   ▢ 개   ▢ 말

3 글을 읽고 난 후 영수의 생각에 해 줄 수 있는 말로 알맞은 것에 V표 하세요.

영수   글을 읽어 보니 우리나라의 전통문화를 존중해야겠다는 마음이 더욱 커졌어.
근처 유적지도 가 보고, 문화유산 관련 책도 더 읽고 깊게 알아봐야겠어.

① 영수는 하나를 들으면 열을 아는구나. ▢   ② 맞아. 우리 문화는 그림의 떡이지. ▢

③ 영수는 돌다리도 두들겨 보고 건너는구나. ▢

책은 이렇게 읽어요

한 달에 책을 몇 권씩 읽나요? 5권, 10권이 될까요? 2권, 3권 등 모두 다를 거예요. 책을 많이 읽으면 좋아요. 지식도 넓어지고 학교 공부에도 도움이 되고, 모르는 단어 뜻도 새롭게 알게 되죠. 친구들에게 가장 큰 도움이 되는 책은 어떤 책일까요? 과학 만화? 역사 만화? 그림책? 동화책? 과연 어떤 책일까요? 정답은 '동화책'입니다.

동화책은 다른 책들에 비해 함축적인 의미를 많이 포함하고 있어요. 즉, 책을 읽고 한 번 더 생각해 봐야 한다는 뜻이에요. 바로바로 이해되지 않고, 앞에 나온 내용 또는 대화 속에 담긴 내용들을 여러분 스스로 생각해 봐야 하는 거죠. 여러분이 어렵다고 생각하는 공부와 같은 원리예요. 따라서 책을 열심히 읽으면 공부가 더 쉽게 느껴질 수 있어요.

책을 열심히 읽으면 그것으로 끝일까요? 책을 열심히 읽어도 며칠만 지나면 내용이 잘 기억나지 않은 경험이 있을 거예요. 그럴 때는 책을 읽고 다양한 활동을 해 보세요. 기억에 남는 문장을 뽑아 써 보거나, 기억에 남는 장면을 그려 보세요. 책 홍보 포스터 만들기나 역할극도 재미있는 활동으로 도움이 될 거예요. 이런 활동들을 하면 책에서 읽은 것들이 여러분 머릿속에 오래 남아 있도록 도움을 준답니다.

유원지 사전 답사 가는 길

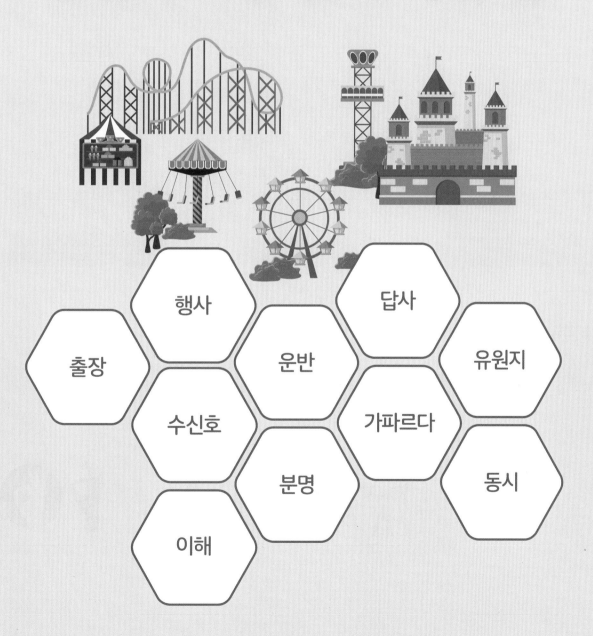

행사

답사

출장

운반

유원지

수신호

가파르다

분명

동시

이해

✏️ 새롭게 알게 된 단어에 표시해 보세요.

행사
어떤 일을 시행함
이번 행사는 산들 회사에서 진행해요.

답사
현장에 가서 직접 보고 조사함
행사 전 점검을 위해 답사를 진행해요.

운반
물건 따위를 옮겨 나름
무거운 행사용품을 손수레로 운반해요.

가파르다
산이나 길이 몹시 기울어져 있다
목적지에 가는 길이 매우 가파르네.

출장
용무를 위하여 임시로 다른 곳으로 나감
자동차로 2시간 30분을 가니 출장지에 도착했어요.

분명
어떤 사실이 틀림없이 확실하게
분명히 이 길이 맞는데. 잘못 왔나?

수신호
손으로 하는 신호
수신호를 인사하는 것으로 착각했어요.

이해
남의 사정을 잘 헤아려 너그러이 받아들임
내 실수였어. 이해해 주겠니?

동시
같은 때나 시기
동시에 서로를 보며 손을 흔들었어요.

유원지
돌아다니며 놀기 위하여 여러 가지 설비를 갖춘 곳
행사가 진행되는 섬뜰유원지는 이 지역의 명소예요.

✔️ 그림을 보고, [보기]에서 알맞은 단어를 골라 써 보세요.

| 보기 | 행사, 수신호, 출장, 유원지 |

①

②

③

④

-------------- -------------- -------------- --------------

1 밑줄 친 말과 바꾸어 쓸 수 있는 단어를 골라 ○표 하세요.

이삿짐센터는 이삿짐을 **운반한다**.

· ·

언덕에 오르니 많은 사람들의 모습이

동시에 보였다.

포장한다

운송한다

들어올린다

차례대로

한꺼번에

유심히

2 빈칸에 알맞지 <u>않은</u> 단어를 골라 V표 하세요.

① 땀을 뻘뻘 흘리며 올라간 ＿＿＿＿＿ 언덕길 끝에 유원지가 있었다.

☐ 가파른　　☐ 완만한　　☐ 경사진　　☐ 비탈진

② 지도를 보면 ＿＿＿＿＿ 이 길이 맞아. 우리가 길을 잘못 들었나?

☐ 확실히　　☐ 희미하게　　☐ 분명히　　☐ 틀림없이

3 빈칸에 알맞은 단어를 넣어 문장을 완성해 보세요.

① 내일 행사를 위해 사전 [ㄷ][ㅅ] 할 사람은 김 대리와 박 과장으로 확정됐다.

② 방학을 맞아 [ㅇ][ㅇ][ㅈ] 에 놀러 가니 기분이 좋았다.

1 빈칸에 '출장'을 쓸 수 없는 문장을 고르세요. (정답 2개)

① 오늘은 부모님이 베트남으로 해외 _____ 을 가시는 날이다.

② 이환이는 이번 계주에서 마지막 주자로 _____ 했다.

③ 삼촌이 _____ 가는 길에 잠깐 집에 들러 인사를 했다.

④ 최초로 코딩 프로그램을 개발한 사람은 _____ 해 CEO가 되었다.

2 밑줄 친 단어의 뜻을 [보기]에서 찾아 기호를 써 보세요.

> 보기
> ㉠ 남의 사정을 잘 헤아려 너그러이 받아들임
> ㉡ 이익과 손해를 아울러 이르는 말

① 가족이 지나치게 **이해**관계를 따지는 건 좋지 않아. ☐

② 서로 **이해**하고 배려하면 사이좋게 지낼 수 있어. ☐

3 밑줄 친 단어의 뜻에 맞는 말을 골라 ○표 하세요.

① **가파른** 언덕을 지나니 평평한 길이 나왔다.

➡ (산이나 길이 몹시 기울어져 있는 / 산이나 길이 평탄한)

② 교통경찰의 **수신호**에 따라 차들이 일사불란하게 움직인다.

➡ (몸으로 의사나 감정을 표현함 / 손으로 하는 신호)

※ 일사불란: 질서 정연해 조금도 흐트러지지 아니함

[1~3] 다음 글을 읽고, 질문에 답하세요.

> 회사 창립 기념 행사는 내일 푸른유원지에서 진행될 예정이다. 사전 답사를 위해 김 대리와 박 과장이 출장을 떠났다. 내일 필요한 장비를 ☐수레에 싣고 가파른 언덕을 올랐다. 무거운 행사용품을 직접 운반하려니 힘이 들었다. "분명히 이 길이 맞는데." 박 과장이 말했다. "우리가 지도를 잘못 이해한 걸까요?" 김 대리가 물었다. 그때 김 대리와 박 과장은 동시에 한곳을 바라보았다. 저 멀리서 유원지는 이쪽이라고 수신호를 보내는 유원지 직원을 발견했기 때문이다.

1 아래의 뜻이 설명하는 단어를 윗글에서 찾아 써 보세요.

같은 때나 시기 ☐ ☐

2 윗글의 빈칸과 같은 단어가 들어가는 것을 고르세요.

① _____ 안 대고 코 풀기
② _____ 없는 말이 천 리 간다
③ 언 _____에 오줌 누기
④ 내 _____가 석 자
⑤ 누워서 _____ 먹기

3 윗글에 이어질 대화의 내용상 빈칸에 들어갈 알맞은 표현을 고르세요.

박 과장 드디어 도착했네! 강 건너에 유원지가 보여.
김 대리 그런데 지금 배가 떠나고 있어요!
박 과장 안 돼. 얼른 뛰어가서 잡자.
김 대리 배는 이미 떠났어요. _____

① 물 건너갔네요.
② 물로 봤더니 이렇게 됐네요.
③ 물을 끼얹은 것 같아요.
④ 물이 오르고 있어요.
⑤ 물 만난 고기가 된 것 같아요.

가로세로 낱말 퀴즈 '말'이 들어가는 낱말

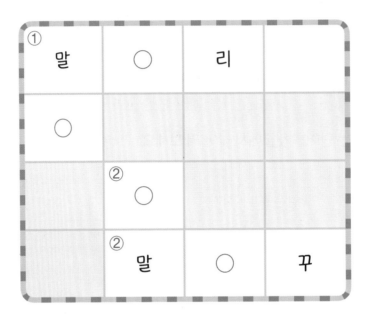

가로 → ① 한마디 말이나 한 차례 말의 맨 끝

　　　예 철수는 친구의 말○리를 물고 늘어지는 것을 좋아한다.

　　② 남의 말을 듣고 바로 자신의 의사를 드러냄

　　　예 철수는 자신의 잘못을 인정하지 않고 계속 선생님께 말○꾸를 했다.

세로 ↓ ① 말을 할 때에 여는 입

　　　예 너무 당황해 말○이 막혔다.

　　② 맨발에 신도록 실이나 섬유로 짠 것

　　　예 맨발에 ○말을 신고 운동화를 신는다.

16

4차 산업혁명 시대! 새로운 도전

새롭게 알게 된 단어에 표시해 보세요.

접수

신청이나 신고를 말이나 문서로 받음

제 접수 번호는 1004입니다.

인식

사물을 분별하고 판단하여 앎

홍채 인식으로 암호를 풀 수 있어요.

신고

행정 관청에 일정한 사실을 진술·보고함

사고가 발생하면 바로 신고해야 돼요.

번갈아

하나씩 하나씩 차례대로 바꾸어서

로봇 청소기와 일반 청소기를 번갈아 써 보니 어때?

지명

여러 사람 가운데 누구의 이름을 지정하여 가리킴

여러 사람 중 내가 지명되어 우주여행을 떠나요.

의논

어떤 일에 대하여 서로 의견을 주고받음

전기차를 구매할지 말지 의논해 볼까?

나날이

매일매일 조금씩

우리나라의 과학 기술은 나날이 발전하고 있어요.

옮기다

어떤 곳에서 다른 곳으로 자리를 바꾸게 하다

일터가 직장에서 가정으로 옮겨지고 있어요.

주행

주로 동력으로 움직이는 자동차나 열차 따위가 달림

자율 주행 자동차는 생활을 편리하게 해요.

특색

보통의 것과 다른 점

특색 있는 사물 인터넷은 사람들의 관심을 끌어요.

※ 사물 인터넷: 모든 사물이 인터넷으로 연결되어 통신할 수 있는 서비스

✔ 빈칸에 들어갈 단어로 알맞은 것을 이어 보세요.

① 수많은 사람 중 내가 ☐☐ 되었다. • • 지명

② 대회 신청서가 ☐☐ 되었다. • • 접수

③ 사고가 발생하면 ☐☐ 해야 한다. • • 의논

④ 로봇 청소기 구입에 대해 ☐☐ 해 보자. • • 신고

1 뜻에 알맞은 단어를 찾아 선으로 연결하고 빈칸에 써 보세요.

옮	기	다	번	옮
다	나	날	이	겨
등	호	변	갈	다
기	날	나	아	이
번	갈	아	날	번

① ☐ ☐ ☐ : 어떤 곳에서 다른 곳으로 자리를 바꾸게 하다

② ☐ ☐ ☐ : 하나씩 하나씩 차례대로 바꾸어서

③ ☐ ☐ ☐ : 매일매일 조금씩

2 문장이 완성되도록 괄호 안에서 알맞은 단어를 고르세요.

① 여행을 다니면 지역마다 고유한 (특색 / 탐색)이 있다.

② 그 친구와 친해지고 나니, 친구에 대한 잘못된 (인식 / 인정)이 바뀌었어.

③ 차가 스스로 (기행 / 주행)하는 4차 산업혁명 시대가 올 거야.

3 밑줄 친 부분과 바꾸어 쓸 수 있는 단어를 골라 ○표 하세요

자율 주행 자동차는 주변을 **인식**하는 기능을 탑재하고 있다.

➡ 의논 / 감지 / 신고 / 접수

1 주어진 단어의 뜻을 참고해 문장의 빈칸에 알맞은 말을 써 보세요.

- 지명: 여러 사람 가운데 누구의 이름을 지정하여 가리킴
- 지점: 본점에서 갈라져 나온 점포
- 지정: 관공서, 학교, 회사, 개인 등이 어떤 것에 특정한 자격을 줌

① 우리 동네 식당이 유명해져서 옆 동네에 ＿＿＿＿＿＿＿＿＿을 개업했다.

② 한국대학교병원이 감염병 국민안심병원으로 ＿＿＿＿＿＿＿＿＿되었다.

③ 수업 시간에 멍하니 있다가 발표자로 ＿＿＿＿＿＿＿＿＿되었다.

2 밑줄 친 단어의 뜻을 [보기]에서 찾아 기호를 써 보세요.

> 보기
> ㉠ 어떤 곳에서 다른 곳으로 자리를 바꾸게 하다
> ㉡ 병 따위를 다른 이에게 전염시키다

① 응급실에 병실이 부족하여 환자를 다른 병원으로 **옮겼다**. ☐

② 친구들이 너무 시끄러워서 나는 멀리 떨어진 자리로 **옮겼다**. ☐

③ 감기를 다른 사람에게 **옮기지** 않으려면 마스크를 써야 한다. ☐

3 밑줄 친 부분과 바꾸어 쓸 수 있는 말을 [보기]에서 찾아 문장을 다시 써 보세요.

> 보기
> 다함께, 날마다, 교대로, 이따금

우리 회사에서 나와 김 대리는 **번갈아** 근무한다.

➡

1 다음 글을 읽고 알게 된 내용으로 알맞지 <u>않은</u> 것을 고르세요.

> 최근 과학 기술이 나날이 발전하고 있다. 사물 인식을 기반으로 한 다양한 플랫폼이 개발되고, 자율 주행 자동차는 우리 생활을 편리하게 한다. 가까운 미래의 모습은 어떨지 상상해 보자. 하늘을 나는 특색 있는 자동차 구입을 위해 가족들이 의논해 신청서를 내고 접수 번호를 받는다. 수천 대 일의 경쟁률을 뚫고 당첨자가 지명된다. 땅에서 다니는 자동차와 하늘을 나는 자동차를 번갈아 타면서 이곳저곳을 자유롭게 옮겨 다닌다. 하지만 과속을 하면 단속 로봇에게 신고를 당할 수 있으니 조심해야 한다.

① 과속하면 신고를 당할 수 있다.
② 과학 기술이 점차 발전하고 있다.
③ 미래에는 다양한 자동차가 개발될 것이다.
④ 자율 주행 자동차는 우리의 삶을 불편하게 만든다.
⑤ 사물 인식 기술을 이용한 다양한 플랫폼이 개발되었다.

2 다음 속담을 사용할 수 있는 상황에 V표 하세요.

속담	돌다리도 두드려 보고 건너라
뜻	잘 아는 일이라도 세심하게 주의를 해라

① 수학 문제가 쉽게 풀려도 틀리지 않게 여러 번 확인해야 한다. ▢
② 첨단 제품을 사기 위해 매일 돈을 꾸준히 모았다. ▢
③ 친구가 새로 나온 한정판 제품을 사니 너무 부러웠다. ▢

3 서로 비슷한 뜻을 지닌 단어끼리 묶인 것을 고르세요.

> ㉠ 신고 – 처벌　　　㉡ 특색 – 평범　　　㉢ 지명 – 지목　　　㉣ 의논 – 토의

① ㉠, ㉡　　　　　　② ㉠, ㉣　　　　　　③ ㉡, ㉢
④ ㉡, ㉣　　　　　　⑤ ㉢, ㉣

오늘의 사자성어

근 묵 자 흑

近 墨 者 黑

가까울 근　　먹 묵　　사람 자　　검을 흑

근묵자흑은 '먹을 가까이하면 자신도 검게 변한다'는 뜻입니다. 학교 서예 시간에 먹물을 써 보았나요? 검은색 중에서도 더 어둡고 짙은 검은색입니다. 화선지에 닿으면 금세 까맣게 물들죠. 일반적으로 노란색, 하늘색처럼 밝은 색은 희망과 행복을 표현하고 검은색은 흔히 좋지 않은 것을 표현할 때 쓰입니다. 즉, 주변에 나쁜 환경이나 친구들이 있다면 어느새 익숙해져 자신도 똑같이 변할 수 있다는 뜻입니다.

근묵자흑(近墨者黑)은 「태자소부잠(太子少傅箴)」이라는 책에 나오는 말입니다. 여기서 '붉은 색을 가까이 하는 사람은 붉은 색으로 물들고 먹을 가까이 하는 사람은 검어진다'라는 표현을 사용했습니다.

부모님들은 '좋은 친구를 사귀어야 한다'라고 항상 이야기하시죠. 바로 근묵자흑(近墨者黑) 때문이에요. 우리 속담에서는 '까마귀 노는 데 백로야 가지 마라'가 비슷한 뜻입니다. 여러분도 마음이 잘 맞는 좋은 친구와 우정을 쌓길 바랍니다.

17

대한 독립 만세!

근면

불평

화목

달래다

처지

소중하다

맞이하다

고비

참된

인내

✏️ 새롭게 알게 된 단어에 표시해 보세요.

근면
부지런히 일하며 힘씀
위인들은 모두 근면 성실하게 살았어요.

달래다
어르거나 타일러 기분을 가라앉히다
주변에 힘들어하는 사람을 달래 주었어요.

불평
마음에 들지 아니하여 못마땅하게 여김
그는 주변의 불평을 모두 경청해요.

처지
처하여 있는 사정이나 형편
독립투사들은 독립운동을 하다가 어려운 처지가 되었어요.

화목
서로 뜻이 맞고 정다움
우리 반은 친구들끼리 항상 화목해요.

소중하다
매우 귀중하다
대한민국의 독립은 그 무엇보다 소중해요.

고비
가장 중요한 단계나 대목 또는 막다른 절정
그는 여러 번 죽을 고비를 넘겼어요.

맞이하다
오는 것을 맞다
1945년 8월 15일 기다리던 광복을 맞이하게 되었어요.

인내
괴로움이나 어려움을 참고 견딤
위인들은 인내로 역경을 견뎌냈어요.

참된
진실하고 올바른
조국을 향한 그의 참된 정신을 본받아요.

✅ 단어의 뜻과 문장을 참고하여 빈칸에 알맞은 말을 써 보세요.

뜻	문장
① 처하여 있는 사정이나 형편	➡ 그는 지갑을 잃어버려 어려운 ㅊ ㅈ 에 놓였다.
② 마음에 들지 아니하여 못마땅하게 여김	➡ 그는 평소에 끊임없이 ㅂ ㅍ 을 늘어놓는다.
③ 진실하고 올바른	➡ 그녀는 거짓 없이 ㅊ ㄷ 삶을 산다.
④ 어르거나 타일러 기분을 가라앉히다	➡ 우는 아가를 장난감으로 ㄷ ㄹ ㄷ.

1 빈칸에 공통으로 들어갈 한 글자를 써 보세요.

- 우리 가족은 [ ]목하게 지낸다.

- 친구와 다툰 뒤에는 서로 [ ]해를 해야 한다.

- 그의 성품은 온[ ]하기로 소문이 났다.

2 대화의 빈칸에 들어갈 알맞은 단어를 써 보세요.

철수 위인들은 [ㅇ][ㄴ] 심이 대단하다는 공통점이 있어.

영희 나라면 어려운 [ㄱ][ㅂ]를 만났을 때 포기했을 것 같아.

철수 나도 그럴 거야. 위인들은 본받을 점이 참 많은 것 같아.

3 다음 표에 있는 단어의 비슷한 말과 반대말을 [보기]에서 찾아 써 보세요.

보기	부지런함, 환영하다, 천하다, 바래다주다, 나태, 귀중하다

	비슷한 말	반대말
근면		
맞이하다		
소중하다		

1 밑줄 친 부분과 바꾸어 쓸 수 있는 단어를 고르세요.

낯선 곳에서 홀로 지내는 **처지**가 안타깝다.

① 신분   ② 지위   ③ 품위   ④ 신세   ⑤ 자격

2 대화의 밑줄 친 단어의 뜻으로 알맞은 것을 골라 ○표 하세요.

현수 일본 순사의 총에 맞아 생사의 **고비**를 넘긴 독립운동가가 정말 많아.

이현 이렇게 독립된 국가에서 살고 있다는 것에 항상 감사한 마음을 지녀야겠어.

➡ 가장 (중요한 / 사소한) 단계나 대목 또는 (막다른 / 진취적인) 절정

3 다음 중 [보기]의 단어를 사용해 만들 수 없는 문장을 고르세요.

보기	맞이하다, 화목하다

① 나무꾼은 선녀를 아내로 ⬚.

② 철수네 가족은 웃음이 끊이지 않고 ⬚.

③ 엉엉 우는 아이를 ⬚.

④ 우리 민족은 8월 15일에 광복을 ⬚.

[1~3] 다음 글을 읽고, 질문에 답하세요.

> 대한민국은 여러 고난과 역경을 인내로 버티고 싸워 이겨 광복을 맞이했다. 독립운동가들은 일제 강점기로 인해 어려운 처지를 불평하지 않았다. 오히려 근면한 생활로 자금을 모으고 거사를 치를 준비를 했다. 절망에 빠진 동료를 달래기도 하고, 독립의 소중함을 설득시키기도 했다. 적군을 ☐ 리치며 독립운동을 하던 중 생사의 고비를 넘길 때도 있었지만, 독립운동 정신은 잃지 않았다. 국민들의 안녕과 가정의 화목을 위해 힘쓴 독립운동가들의 나라를 위한 참된 정신은 평생 우리 마음속에 남을 것이다.

1 윗글을 통해 학생들이 배우게 된 내용이 <u>아닌</u> 것을 고르세요.

① 철수: 독립운동가들은 어려운 상황도 모두 극복해냈어.
② 상현: 국민들은 독립운동가들에게 음식과 돈을 지원했어.
③ 한솔: 독립운동가들은 주변 사람들을 독려했어.
④ 민찬: 독립운동가들은 나라를 위해 목숨을 걸었어.
⑤ 별이: 독립운동가들의 올곧은 정신을 평생 기억하자.

*올곧은: 마음이나 정신 상태 따위가 바르고 곧은

2 윗글의 내용과 관련된 아래의 상황에 알맞은 표현을 골라 V표 하세요.

> 일제 강점기에 살았던 우리 국민들은 대한민국의 독립을 간절히 바랐다. 그리고 긴 기다림 끝에 결국 광복을 맞이했다.

① 독립을 목이 빠지게 기다렸다. ☐   ② 독립을 위해 목을 잔뜩 움츠렸다. ☐
③ 독립을 위해 목을 뻣뻣이 세웠다. ☐

3 윗글의 빈칸과 [보기]에 공통으로 들어갈 말에 V표 하세요.

> [보기]
> • 윗＿＿＿이 맑아야 아랫＿＿＿이 맑다   • 칼로 ＿＿＿ 베기
> • ＿＿＿에 빠지면 지푸라기라도 움켜쥔다

☐ 물   ☐ 불   ☐ 내   ☐ 소

교과서를 읽어 보면 좋아요!

학교에서 공부할 때 필요한 교과서! 혹시 집에서 따로 공부해 본 적 있나요? 지금 풀고 있는 어휘 문제집은 친구들의 어휘력과 문해력을 기르는 데 많은 도움을 줍니다. 교과서도 비슷한 역할을 한다는 사실, 알고 계셨나요?

집에서 책 읽는 시간에 교과서를 한번 읽어 보세요. 교과서의 단원명, 차례, 학습 목표만 쭉 읽어 보세요. 간단히 말하면 큰 글씨, 색칠된 글씨만 쭉 읽어 보는 거죠. 그리고 글씨를 제외한 그림, 사진, 표, 그래프만 눈으로 보세요. 그리고 작은 글씨를 포함한 모든 글씨를 빠르게 한 번 읽고, 다시 한 번 읽으며 밑줄을 그어 보세요. 모르는 단어는 표시하면 좋아요. 읽기를 마친 후 공책에 중요한 내용만 마인드맵이나 그림으로 그리면 교과서 읽기가 완료됩니다.

처음에는 교과서 한 단원을 읽는 데 1시간 넘게 걸릴 수도 있어요. 하지만 반복 연습하다 보면 50분, 40분 점차 줄어들어 30분 만에 다 읽을 수도 있어요. 오늘 책을 읽기로 한 시간에 국어 교과서와 사회 교과서를 읽어 보는 건 어떨까요?

부정행위 오해 사건

꾸지람

억울

베끼다

본받다

격려

보완

도달

되새기다

보람

시무룩하다

✏️ 새롭게 알게 된 단어에 표시해 보세요.

베끼다
글이나 그림 등을
원본 그대로 옮겨 쓰거나 그리다
짝꿍 시험지를 베꼈다는
오해가 생겼어요.

꾸지람
아랫사람의 잘못을 꾸짖는 말
쉬는 시간에 선생님께
꾸지람을 들었어요.

본받다
본보기로 하여 그대로 따라 하다
모범생 친구를 본받아
성적이 올랐어요.

억울
잘못 없이 꾸중을 듣거나
벌을 받아 분하고 답답함
공부를 열심히 한 건데,
너무 억울해요.

시무룩하다
못마땅하여 말이 없고
얼굴에 언짢은 기색이 있다
시무룩해 보이는 친구를
위로해 주었어요.

격려
용기나 의욕이 솟아나도록 북돋워 줌
친구들의 격려로
힘이 났어요.

보완
모자라거나 부족한 것을
보충하여 완전하게 함
모르는 내용은 복습으로
보완했어요.

도달
목적한 곳이나 수준에 다다름
목표 도달을 위해
최선을 다하는 자세가
필요해요.

되새기다
지난 일을 다시 떠올려
곰곰이 생각하다
시험 시간을 되새겨 보니
두리번거렸던 일이
떠올랐어요.

보람
어떤 일을 한 뒤에 얻어지는
좋은 결과나 만족감
열심히 공부하면 보람을
느낄 수 있어요.

✅ 단어와 뜻이 올바르게 연결될 수 있도록 중간에 선을 그어 사다리를 만들어 보세요.

보람	도달	본받다	억울
본보기로 하여 그대로 따라 하다	잘못 없이 꾸중을 듣거나 벌을 받아 분하고 답답함	어떤 일을 한 뒤에 얻어지는 좋은 결과나 만족감	목적한 곳이나 수준에 다다름

1 대화의 상황과 관련된 단어를 [보기]에서 찾아 써 보세요.

> 보기　　　꾸지람, 베끼다, 격려

철수　수업 시간에 떠들다가 선생님께 혼났어.

영희　괜찮아. 그럴 수 있지. 다 잊고 힘내자!

철수　친구 숙제를 똑같이 써서 제출했어.

2 빈칸에 공통으로 들어갈 한 글자를 써 보세요.

- 부족한 점을 [　]완해 멋진 작품을 만들어 보자.
- 기름이 다 떨어져 가네. 주유소에서 [　]충해야겠어.
- 철수는 수학 공부를 [　]습 학원에서 한 번 더 해.

3 밑줄 친 단어의 뜻을 [보기]에서 찾아 기호를 써 보세요.

> 보기
> ㉠ 소나 양 따위의 동물이 먹은 것을 되뇌어 씹다
> ㉡ 지난 일을 다시 떠올려 골똘히 생각하다

① 소가 여물을 **되새김**하듯 공부도 복습이 필수다. [　]

② 유치원 때 소풍 갔던 추억을 **되새겨** 보았다. [　]

1 밑줄 친 단어와 바꾸어 쓸 수 <u>없는</u> 것을 골라 ○표 하세요.

오늘따라 **시무룩해** 보여. 무슨 일 있니?

➡ 뾰로통해 / 시큰둥해 / 떨떠름해 / 후련해

2 빈칸에 공통으로 들어갈 단어를 찾아 V표 하세요.

- 친구가 힘들어 보일 때 _____의 편지를 써 보는 건 어때?

- 아쉽게 2등한 친구에게 _____의 박수를 보냈다.

- 지나친 _____(이)가 때로는 독이 되기도 한다.

☐ 격멸   ☐ 격식   ☐ 격려   ☐ 고려

3 빈칸에 들어갈 단어가 바르게 짝지어진 것을 고르세요.

- 부모님과의 약속을 안 지켜서 _____ ㉠ _____ 을 들었어.

- 시험 시간에 친구 시험지를 몰래 _____ ㉡ _____ 답을 적었다.

- 누명을 뒤집어 쓴 그는 _____ ㉢ _____ 감옥에 갔다.

	㉠	㉡	㉢
①	꾸지람	베어서	억울하게
②	꾸준함	베껴서	정직하게
③	꾸지람	베껴서	억울하게
④	꾸준함	베껴서	억울하게
⑤	꾸지람	베어서	정직하게

[1~3] 다음 글을 읽고, 질문에 답하세요.

시험 성적이 발표되는 날 드디어 목표인 100점에 도달했다. 열심히 한 보람이 있었다. 그런데 뜻하지 않게 선생님께 꾸지람을 들었다. 내가 친구 시험지를 베꼈고, 앞으로는 그러지 말라는 충고였다. 나는 모범생 친구를 본받아 [ ]미처럼 열심히 공부하고, 부족한 공부를 복습으로 보완했을 뿐인데 너무 억울했다. 친구들은 시무룩한 나를 보며 격려해 주었다. 시험 시간을 되새겨 보니, 시험 종료 10분 전 문제를 다 풀고 혼자 뿌듯한 마음에 주변을 둘러보았던 게 생각났다. <u>앞으로는 오해 받지 않도록 조심해야겠다.</u>

1 다음에서 설명하고 있는 단어를 윗글에서 찾아 써 보세요.

- 보통 윗사람이 아랫사람의 잘못을 꾸짖을 때 쓰는 말이에요.
- 비슷한 단어로 '핀잔', '꾸중'이 있어요.

[　][　][　]

2 윗글의 밑줄 친 내용과 관련된 속담을 고르세요.

① 죄 지은 사람 옆에 오면 방귀도 못 뀐다　[　]

② 배보다 배꼽이 더 크다　[　]

③ 사촌이 땅을 사면 배가 아프다　[　]

④ 남의 잔치에 감 놓아라 배 놓아라 한다　[　]

3 윗글의 빈칸과 공통으로 들어가지 <u>않는</u> 말을 고르세요.

① 서당 _____ 3년이면 풍월을 읊는다　　② _____ 팔자가 상팔자

③ 꿩 대신 _____　　④ _____ 같이 벌어서 정승같이 쓴다

⑤ 똥 묻은 _____가 겨 묻은 _____ 나무란다

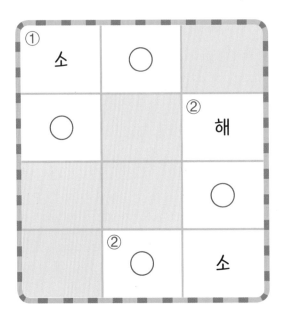

가로세로 낱말 퀴즈 '소'가 들어가는 낱말

가로 →
① 사람들 입에 오르내려 전하여 들리는 말
예 친구에 대한 거짓 소○이 우리 반에 퍼졌다.
② 소리 없이 빙긋이 웃음
예 미담이는 ○소가 예쁘다.

세로 ↓
① 짠맛이 나는 백색의 결정체
예 나는 삼겹살을 소○에 찍어 먹는 걸 좋아해.
② '절'에서 화장실을 부르는 말
예 스님은 잠시 해○소에 가느라 자리를 비우셨다.

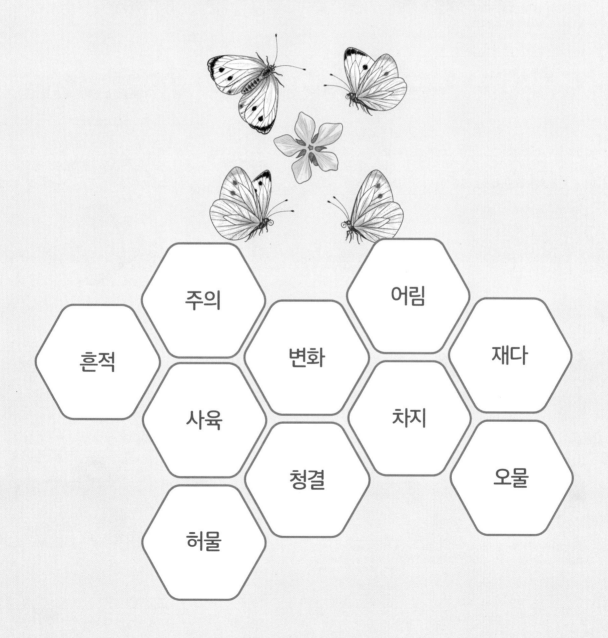

19

배추흰나비의 한살이

주의

어림

흔적

변화

재다

사육

차지

청결

오물

허물

✏️ 새롭게 알게 된 단어에 표시해 보세요.

주의

마음에 새겨 두고 조심함

실험 전 주의 사항을
꼭 읽어 보세요.

변화

사물의 성질, 모양, 상태 등이
바뀌어 달라짐

배추흰나비는 번데기에서
성충으로 변화해요.

어림

대강 짐작으로 헤아림

애벌레의 크기를
어림해 볼까요?

재다

자, 저울 등으로 길이, 너비, 높이
등의 정도를 알아보다

자를 이용해 애벌레의
길이를 재요.

흔적

현상이나 실체가 없어지거나
지나간 뒤 남은 자국이나 자취

애벌레는 자신의 흔적을
없애기 위해
알을 먹어요.

사육

어린 가축이나 짐승이 자라도록
먹이어 기름

배추흰나비 사육장은
작은 구멍이 많아요.

차지

사물이나 공간, 지위 등을
자기 몫으로 가짐

애벌레를 관찰하기 위해
좋은 자리를
차지했어요.

오물

쓰레기나 배설물 등의
지저분하고 더러운 물건

배추흰나비의
오물을 치우지 않으면
냄새가 나요.

허물

파충류, 곤충류가 자라면서 벗는 껍질

애벌레는 자라면서 4회 정도
허물을 벗어요.

청결

맑고 깨끗함

항상 사육장 주변을
청결하게 유지해야
해요.

✅ 그림을 보고 [보기]에서 알맞은 단어를 골라 빈칸에 써 보세요.

| 보기 | 오물, 허물, 재다, 청결 |

①

②

③

④

------------------- ------------------- ------------------- -------------------

1 밑줄 친 말과 바꾸어 쓸 수 있는 단어를 골라 ○표 하세요.

실험할 때는 항상 **주의**합니다.

앞 팀의 **흔적**을 따라가면
목적지에 도착할 수 있어.

조심

보완

격려

잔재

자취

양식

2 빈칸에 알맞지 <u>않은</u> 단어를 골라 V표 하세요.

① 어린이집에 일찍 가면 장난감을 혼자 _____ 할 수 있다.

☐ 소유　　　☐ 차지　　　☐ 점유　　　☐ 회유

② 성적을 올리려면 공부하는 방법에 _____ (이)가 필요해.

☐ 변신　　　☐ 변경　　　☐ 변화　　　☐ 수정

3 빈칸에 알맞은 단어를 넣어 문장을 완성해 보세요.

① 동물원의 동물들은 ［ ㅅ ］［ ㅇ ］ 사가 주는 먹이를 먹는다.

② 줄자를 이용해 교실의 길이를 ［ ㅈ ］［ ㄷ ］.

1 다음 중 빈칸에 '허물'을 쓸 수 없는 문장을 고르세요.

① 번데기는 ＿＿＿＿＿＿＿을 벗고 나비가 되어 날아간다.

② 친구의 ＿＿＿＿＿＿＿을 덮어 줄 때도 필요하다.

③ 뱀은 더 크게 자라기 위해 ＿＿＿＿＿＿＿을 벗는다.

④ 원래는 안 되지만 이번에만 특별히 ＿＿＿＿＿＿＿ 해 줄게.

❖어휘 꿀팁
'허물'은 '남에게 비웃음을 살 만한 거리'라는 뜻도 있어요.

2 밑줄 친 단어의 뜻을 [보기]에서 찾아 기호를 써 보세요.

> **보기**
>
> ㉠ 자, 저울 등으로 길이, 너비, 높이 등의 정도를 알아보다
>
> ㉡ 여러모로 따져 보고 헤아리다

① 키가 얼마나 자랐는지 **재** 볼까? ▢

② 결혼은 상대방을 잘 **재** 보고 결정해야 한다. ▢

3 밑줄 친 단어의 뜻에 맞는 말을 골라 ○표 하세요.

① 횡단보도를 건널 때는 파란불이라도 **주의**할 필요가 있다.
➡ (마음 내키는 대로 마구 / 마음에 새겨 두고 조심함)

② 해수욕장에 버려진 **오물**은 사람들의 기분을 불쾌하게 만든다.
➡ (지저분하고 더러운 물건 / 가지런히 정돈되고 깨끗한 물건)

※ 불쾌(不快): 못마땅하여 기분이 좋지 아니함

[1~3] 다음 글을 읽고, 질문에 답하세요.

> 배추흰나비를 사육할 때는 배추흰나비의 알을 만지지 않고 오물을 깨끗이 치워 환경을 청결하게 유지하는 점에 주의해야 한다. 관찰 일지를 만들어 배추흰나비의 변화를 관찰하며 어림하거나 자로 재서 크기를 기록하고, 그림으로 표현한다. 애벌레는 자신의 흔적을 남기지 않기 위해 알을 먹고, 4번 정도 허물을 벗는다. 교실에서 키우는 애벌레를 자세히 살펴보려면 좋은 자리를 차지해 돋보기로 관찰하면 된다. 관찰할 때는 ☐치기를 하지 않고 질서를 지킨다.

1 아래의 뜻이 설명하는 단어를 윗글에서 찾아 써 보세요.

현상이나 실체가 없어지거나 지나간 뒤 남은 자국이나 자취 ☐☐

2 윗글의 빈칸과 [보기]에 공통으로 들어갈 말에 V표 하세요.

보기
- _____ 발의 피
- 눈코 뜰 _____ 없이
- 낮말은 _____ 가 듣고 밤말은 쥐가 듣는다

☐ 새 ☐ 쥐 ☐ 쌀 ☐ 벼

3 윗글에 이어질 대화를 읽고 빈칸에 들어갈 알맞은 표현을 고르세요.

선아 나 아직 배추흰나비 관찰 중이야. 왜 새치기를 하려고 해?
한새 뒤에 줄 서 있는 거 안 보여? 다 봤으면 자리로 돌아가. 화내기 전에.
구영 철수야, 배추흰나비 봐 봐. 번데기가 되려고 해!
설지 구영아, 친구들이 싸우면 말려야지. _____

① 오히려 불을 지피면 어떡해. ② 정말 불꽃이 튀는구나.
③ 불 보듯이 뻔하구나. ④ 맞불을 놓으면 어떡해.
⑤ 강 건너 불구경만 하면 어떡해.

오늘의 사자성어

구 사 일 생

九	死	一	生
아홉 구	죽을 사	한 일	살 생

　　구사일생은 '아홉 번 죽을 위기에 처하지만 한 번 살아난다'는 뜻이에요. 여러 차례 죽을 고비를 넘기고 간신히 목숨을 건지는 거죠. 꼭 아홉 번 위기에 처해야만 쓸 수 있는 사자성어는 아니에요. 그만큼 위험하거나 어려운 일을 극복했을 때 사용합니다. 예를 들어, 자동차 사고가 크게 났어요. 그런데 안전벨트 덕분에 겨우 목숨을 건졌죠. 이럴 때 '구사일생으로 목숨을 건졌어'라고 사용할 수 있어요. 또는, 횡단보도를 건널 때 갑자기 달려온 차를 간신히 피했을 때도 사용할 수 있습니다.

　　춘추전국시대 초나라의 시인이자 정치가인 굴원이라는 사람이 주변의 모함으로 유배를 당해요. 유배돼 있는 동안 초나라는 전쟁에서 패배하게 되죠. 굴원의 신세 한탄과 나라를 걱정하는 마음을 담은 시에 '옳다고 믿는 내 마음은 비록 아홉 번 죽어도 후회하지 않네'라는 표현이 있는데요, 여기서 유래된 사자성어가 바로 '구사일생'이에요. 하지만 세월이 지나면서 지금 우리가 쓰는 뜻으로 의미가 변했답니다.

　　여러분! 구사일생으로 목숨을 건지는 것도 중요하지만, 이런 일이 일어나지 않도록 횡단보도를 건널 때는 꼭 좌우를 살피고, 스마트폰을 보며 길을 걷지 않기로 해요. 약속할 수 있겠죠?! 마지막으로 비 올 때는 밝은색 옷을 입고, 겨울에는 넘어지지 않도록 조심해요.

20

닭을 기를 수 있어요!

엉기다

짐작

설계

부화

낳다

표면

공예

모이

세다

꽂다

✏️ 새롭게 알게 된 단어에 표시해 보세요.

엉기다
점성이 있는 액체나 가루가 한 덩어리가 되며 굳어지다
달걀흰자와 밀가루를 넣고 섞으면 엉겨져요.

부화
동물의 알 속에서 새끼가 껍데기를 깨고 밖으로 나옴
달걀이 부화하는 데 보통 3주가 걸려요.

짐작
사정이나 형편 따위를 어림잡아 헤아림
달걀이 어디로 갔는지 짐작이 가는 데가 있어?

낳다
배 속의 아이, 새끼, 알을 몸 밖으로 내놓다
닭은 1년에 약 300개의 알을 낳아요.

설계
기계 제작 등에서 실제적인 계획을 세워 도면에 명시하는 일
설계한 대로 닭장을 잘 지었네.

꽂다
쓰러지거나 빠지지 않게 박아 세우거나 끼우다
지지대를 꽂고 망을 쳐 닭장을 꾸며 보아요.

표면
사물의 가장 바깥쪽 또는 윗부분
달걀의 표면은 매끄러워요.

세다
사물의 수를 헤아리거나 꼽다
달걀이 몇 개인지 같이 세어 보세요.

공예
물건을 만드는 기술에 관한 재주
달걀에 그림을 그린 달걀 공예품이 잘 팔려요.

모이
닭이나 날짐승의 먹이
닭은 모이를 쪼아 먹어요.

✅ 빈칸에 들어갈 단어로 알맞은 것을 이어 보세요.

① 선물 받은 꽃을 꽃병에 ☐ ☐.　　　　•　　　　•　짐작

② 설날에 받은 용돈을 ☐ ☐.　　　　•　　　　•　세다

③ 범인이 누구인지 ☐ ☐ 이 가?　　　　•　　　　•　설계

④ ☐ ☐ 한 대로 멋지게 집을 지어 보자.　　　　•　　　　•　꽂다

1 뜻에 알맞은 단어를 찾아 선으로 연결하고 빈칸에 써 보세요.

반	엉	한	모	보
부	기	솔	하	엉
응	다	이	부	이
단	무	기	화	다
모	이	화	보	환

① □ □ : 동물의 알 속에서 새끼가 껍데기를 깨고 밖으로 나옴

② □ □ : 닭이나 날짐승의 먹이

③ □ □ □ : 점성이 있는 액체나 가루가 한 덩어리가 되며 굳어지다

2 문장이 완성되도록 괄호 안에서 알맞은 단어를 고르세요.

① 달의 (표면 / 피부)은(는) 울퉁불퉁하다.

② 영희가 만들기 시간에 멋진 (공연 / 공예) 작품을 완성했다.

③ 오늘 새벽에 소가 송아지를 (나았다 / 낳았다).

3 밑줄 친 부분과 바꾸어 쓸 수 <u>없는</u> 단어를 골라 ○표 하세요.

처음 **설계**한 대로 닭장을 짓지 않으면 무너질 수도 있어.

➡ 계획 / 구상 / 명상 / 디자인 / 의도

1 주어진 단어의 뜻을 참고해 문장의 빈칸에 알맞은 말을 써 보세요.

- 짐작: 사정이나 형편 따위를 어림잡아 헤아림
- 참작: 이리저리 비추어 보아서 알맞게 고려함
- 수작: 남의 말이나 행동, 계획을 낮잡아 이르는 말

① 쉬는 시간에 연필이 없어졌어. 혹시 ＿＿＿＿＿＿＿＿＿ 가는 사람 있어?

② 거짓말 그만해. 괜한 ＿＿＿＿＿＿＿＿＿ 부리지 말고 사실대로 말해.

③ 잘못을 순순히 자백하면 정상 ＿＿＿＿＿＿＿＿＿ 하겠다.

2 밑줄 친 단어의 뜻을 [보기]에서 찾아 기호를 써 보세요.

> [보기]
> ㉠ 사물의 수를 헤아리거나 꼽다
> ㉡ 행동이나 밀고 나가는 기세 따위가 강하다
> ㉢ 머리카락이나 수염 따위의 털이 희어지다

① 내 동생은 고집이 정말 **세다**. ☐

② 생일 파티에 참석한 친구들의 수를 **세다**. ☐

③ 스트레스를 너무 많이 받아 머리가 허옇게 **세다**. ☐

3 밑줄 친 부분과 바꾸어 쓸 수 있는 말을 [보기]에서 찾아 문장을 다시 써 보세요.

> [보기]
> 생겼다, 뭉쳤다, 맺혔다, 고였다

찐득찐득한 액체가 뒤섞여 하나로 **엉겼다**.

➡

[1~3] 다음 글을 읽고, 질문에 답하세요.

> 닭을 기르려면 닭장을 설계해야 한다. 지지대를 꽂아 사육장을 꾸미고 좋은 모이를 준비한다. 닭이 몇 마리인지 매일 세어 보고, 건강 상태를 유심히 살펴야 한다. 닭이 이상 행동을 보이면 짐작하기보다는 정확한 원인을 파악해야 한다. 닭은 1년에 약 300개의 알을 낳는다. 알은 부화하는데 보통 3주가 필요하다. 닭이 낳은 표면이 매끄러운 달걀은 여러 음식에 쓰이는데, 서로 엉기게 밀가루에 달걀흰자를 넣어 요리에 사용하는 경우가 많다. 또, 표면에 그림을 그려 공예품으로 판매되기도 한다.

1 윗글을 읽고 알게 된 내용으로 알맞지 <u>않은</u> 것을 고르세요.

① 닭이 1년에 낳는 달걀의 수는 약 300개에 이른다.
② 달걀은 부화하는 데 21일 정도가 필요하다.
③ 달걀흰자와 밀가루를 섞으면 섞이지 않는다.
④ 모이는 좋은 것을 준비하고 닭의 건강 상태를 늘 살펴야 한다.
⑤ 닭이 특이한 행동을 보이면 정확한 원인을 파악하려고 해야 한다.

2 다음 속담을 사용할 수 있는 상황에 V표 하세요.

속담	아니 땐 굴뚝에 연기 날까
뜻	원인이 없으면 결과가 있을 수 없다

① 닭이 이상 행동을 보일 때는 이유를 파악해야 한다. ☐

② 표면이 매끄러운 달걀은 음식에 사용할 수 있다. ☐

③ 병아리가 자라면 닭이 되어 알을 낳는다. ☐

3 글에 나온 단어들과 서로 비슷한 뜻을 지닌 단어끼리 묶인 것을 고르세요.

    ㉠ 모이 – 사료   ㉡ 표면 – 겉면   ㉢ 공예 – 무예   ㉣ 낳다 – 배다

① ㉠, ㉡   ② ㉠, ㉣   ③ ㉡, ㉢
④ ㉡, ㉣   ⑤ ㉢, ㉣

계획표 짜는 방법!

계획표 짜는 걸 어려워하는 친구들이 많은 것 같아요. 하지만 의외로 쉽게 짤 수 있는 방법이 있답니다. 지금 바로 따라서 해 보세요.

우선, 내가 해야 할 일과 하고 있는 일을 써 보세요.

> 내가 해야 할 일과 하고 있는 일
> 예) 수학 숙제, 글쓰기 숙제, 어휘 문제집 풀기 등

그리고 중요한 일과 덜 중요한 일, 오늘 꼭 해야 하는 일과 다음에 해도 되는 일로 구별해 보세요.

① 중요하고 오늘 꼭 해야 하는 일	② 덜 중요하지만 오늘 꼭 해야 하는 일
③ 중요하지만 다음에 해도 되는 일	④ 덜 중요하고 다음에 해도 되는 일

일주일 계획표 중 월·화에 ①번과 수·목에 ②번을 써주세요. 그리고 금·토에 ③번, 일요일에 ④번을 쓰면 계획표가 완성됩니다. 이제 열심히 지키면 됩니다.

( )의 일주일 계획표						
월	화	수	목	금	토	일
①	①	②	②	③	③	④

정답과 해설

[어휘와 만나기]

기초 – 기본, 경계 – 조심

▶ 강점: 남보다 낫거나 더 뛰어난 점

   솜씨: 손을 놀려 무엇을 만들거나 어떤 일을 하는 재주

   훈계: 타일러서 잘못하지 않도록 주의를 줌

   집중: 한 가지 일에 모든 힘을 쏟아 부음

[어휘와 친해지기]

1. ① 기호   ② 차림새   ③ 으스스하다   ④ 신다

2. ⑤

   ▶ 쓰임새란, 사물이나 물건이 쓰이는 정도를 나타내기 때문에 사람을 표현하는 말로 적절하지 않습니다. ⑤의 경우, 쓰임새 대신 '좋은 점' 등으로 바꾸어 써야 자연스러운 문장이 됩니다.

3. ① 중심   ② 형태

[어휘 공부하기]

1. ① 물체를 탈것에 올리다
   ② 즐기고 좋아함

2. ③

   ▶ ③에는 '경계'보다는 '한계'라는 낱말을 써야 자연스럽습니다. 한계란, '사물이나 능력, 책임 등이 실제로 작용할 수 있는 범위나 선'이라는 뜻입니다. 따라서 '여기까지만 할 수 있으며, 더는 능력이나 힘이 부족해서 할 수 없다'는 의미로 문장을 완성하기 위해서는 '더 이상 못하겠어. 내 한계는 여기까지야.'로 써야 합니다.

3. 중심

[어휘 확장하기]

1. ④

   ▶ 제시문은 군인의 옷이나 훈련 방식 등을 설명하며, 육군, 해군, 공군의 차이점에 대한 설명은 나와 있지 않습니다.

2. 눈

3. 소 잃고 외양간 고친다

   ▶ 김철수 병장과 이호찬 일병의 대화를 통해 이호찬 일병이

이미 벌어진 일을 뒤늦게 후회하고 있다는 것을 알 수 있습니다. 이러한 상황을 나타내는 속담은 '소 잃고 외양간 고친다'입니다.

[어휘와 만나기]

① 깔끔　② 상상　③ 종류　④ 문제

[어휘와 친해지기]

1. ① 쌓이다　② 뒤죽박죽　③ 지저분하다

지	뒤	소	쌓	지
분	죽	은	뒤	저
저	박	다	이	분
하	죽	한	박	하
쌓	이	다	죽	다

2. ① 버립니다　② 불편합니다　③ 나눕니다

[어휘 공부하기]

1. 도서관에 책이 정리되어 있지 않아서 내가 원하는 책을 고르기가 <u>불편했다</u>.

2. ① 깔끔하게　② 상상해　③ 문제
   ▶ 깔끔: 매끈하고 깨끗함
   　경험: 실제로 해 본 일
   　해답: 질문을 풀이함

3. ④
   ▶ ④번은 '하나를 둘 이상으로 가르다'라는 뜻으로 사용되었고, 나머지는 '분류하다'는 뜻으로 쓰였습니다.

[어휘 확장하기]

1. 정리
   ▶ 이 글에서는 책상을 깨끗이 정리하는 법을 알려 주고 있습니다.

2. ④
   ▶ 책을 정리할 때는 높이 쌓아 올리는 것이 아니라 책꽂이에 종류별로 차곡차곡 꽂아야 합니다. 따라서 ④에서 영수의 행동은 책을 정리한 것으로 볼 수 없습니다.

3. 한 걸음
   ▶ 무슨 일이든 시작이 중요하다는 뜻으로 '천 리 길도 한 걸음부터'라는 속담이 있습니다.

4. ③
   ▶ ③번은 '지저분하다-깔끔하다'와 같이 두 낱말이 서로 반대되는 뜻입니다.

3. 식물을 가꿀 수 있어요 23~27쪽

[어휘와 만나기]

① 식용   ② 무심코   ③ 궁리하다   ④ 가꾸다

[어휘와 친해지기]

1. 탐
   ▶ 탐구: 필요한 것을 조사하여 찾아냄
   탐험: 위험을 무릅쓰고 찾아가 조사함

2. 독성

3.

	비슷한 말	반대말
조상	선조	후손
천연	자연	인공

[어휘 공부하기]

1. ②
   ▶ 격리: 사이를 막거나 떼어 놓음
   대립: 서로 반대되거나 모순되는 관계
   통합: 여러 기구를 하나로 합침
   분석: 복잡한 것을 단순하게 분해하는 일

2. 심어, 가꾸다

3. ① 식용   ② 천연   ③ 독성

[어휘 확장하기]

1. ⑤
   ▶ 글의 마지막 문장에 있는 '화분은 식물을 옮겨 심는 분갈이를 통해 ~'로 알 수 있습니다.

2. ②
   ▶ 손꼽아 기다리다: 어떤 것을 생각하느라 날짜를 세며 기다리다

3. ⑤
   ▶ 정성을 다한 일은 결과도 좋다는 뜻으로 '공든 탑이 무너지랴?'라는 속담이 있습니다.

4. 오늘 우리 반 이야기 29~33쪽

[어휘와 만나기]

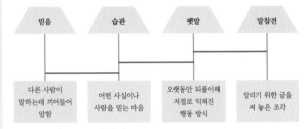

(사다리 선은 예시 답안입니다.)

[어휘와 친해지기]

1. ① 어이없다   ② 파악하다   ③ 활기차다

2. 인
   ▶ 인사: 만나거나 헤어질 때 예를 표현함
   인구: 일정한 지역에 사는 사람의 수

3. ① ㉠   ② ㉡
   ▶ 이 문제는 '영리'라는 단어의 한자 표기를 알면 쉽게 해결할 수 있습니다. ㉠은 怜(영리하다 영)悧(영리하다 리)이며, ㉡는 營(경영하다 영)利(이롭다 리)입니다.

[어휘 공부하기]

1. 버릇없게
   ▶ 친절하다: 대하는 태도가 정겹고 고분고분하다
   정중하다: 태도나 분위기가 점잖고 엄숙하다

2. 믿음

3. ⑤
   ▶ 헛소문은 '헛 + 소문'으로 구성된 단어지만, '이유 없는', '보람 없는'을 뜻하는 '헛'이라는 단어는 혼자 사용할 수 없습니다.

[어휘 확장하기]

1. 친구
   ▶ 글에서 우리 반의 철수와 미영이에 대한 이야기를 하고 있습니다.

2. ①
   ▶ 등을 돌리다: 관계를 끊고 따돌리다

등을 떠밀다: 억지로 시키거나 부추기다

등을 보이다: 외면하여 도움을 주지 않다

3. ④

　▶ '완벽해 보이는 사람도 실수를 할 수 있다'는 뜻의 속담으로 '원숭이도 나무에서 떨어진다'가 있습니다.

[어휘와 만나기]

① 안내문　② 신비　③ 수심　④ 서약

[어휘와 친해지기]

1. ① 삼가　② 살금살금

2. ① 체면　② 설레고

　▶ 체면: 남을 대하기에 떳떳한 태도

　　설레다: 마음이 들떠서 두근거리다

3. ① 황홀　② 발생

[어휘 공부하기]

1. ③

　▶ '500원짜리를 발견했어'가 올바른 문장입니다.

2. ① ㉠　② ㉡

　▶ 이 문제는 '수심'의 한자 표기를 알면 쉽게 해결할 수 있습니다. ①은 水(물 수)深(깊다 심)이며, ②는 愁(근심 수)心(마음 심)입니다.

3. ① 내용을 소개하여 알려 주는 글

　② 갈피를 잡지 못하다

　▶ '안내', '헤매다'처럼 두 가지 이상의 뜻을 지닌 단어들도 있습니다.

[어휘 확장하기]

1. 폭포

　▶ 폭포로 여행을 떠나 구경하며 있었던 일에 대한 글입니다.

2. 배

　▶ 배가 아프다: 남이 잘되어 심술이 나다

　　배를 내밀다: 남의 요구에 버티고 응하지 않다

　　배가 등에 붙다: 먹은 것이 없어 배가 배가 홀쭉하고 몹시 허기지다

3. 구슬이 서 말이라도 꿰어야 보배다

　▶ 아무리 훌륭하고 좋은 것이라도 쓸모 있게 만들어야 값어치가 높아집니다. 눈으로 본 내용도 포스터로 만들지 않는다면 기억에서 금방 잊히고 말 테니까요.

[어휘와 만나기]

① 장면   ② 너머   ③ 초청   ④ 전시

[어휘와 친해지기]

1. ① 당기다   ② 독특하다   ③ 알쏭달쏭

독	알	쏭	달	쏭
기	비	독	트	특
신	당	특	코	기
차	쏭	하	아	독
당	기	다	알	다

2. ① 고인다   ② 가리킨다   ③ 어엿한
   ▶ 가로막다: 제대로 하지 못하게 방해하거나 막다
   뚜렷한: 흐리지 않고 아주 분명한

3. 애매모호한
   ▶ 명확한: 명백하고 확실한
   현명한: 어질고 슬기로운

[어휘 공부하기]

1. ① 가르쳐   ② 가리켜   ③ 가르쳐

2. ① ㉠   ② ㉢   ③ ㉡

3. 나와 제일 친한 친구인 미현이의 생일파티에 <u>초대</u>를 받았어.

[어휘 확장하기]

1. ⑤
   ▶ 주제를 알 수 없는 알쏭달쏭한 작품도 많다고 글에 나와 있습니다.

2. ②

3. ①, ③
   ▶ 두 속담은 모든 일은 원인에 따라 결과가 생긴다는 뜻이에요.

[어휘와 만나기]

① 싱글벙글   ② 무리   ③ 구수한   ④ 짭조름해

[어휘와 친해지기]

1. 친
   ▶ 친절하다: 대하는 태도가 정겹고 고분고분하다

2. 부둣가, 서식지

3.

	비슷한 말	반대말
빌리다	꾸다	갚다

	비슷한 말
요령	솜씨

	비슷한 말
저절로	자연적으로

[어휘 공부하기]

1. ⑤
   ▶ 막역하게: 허물이 없이 아주 친하게
   근사하게: 그럴듯하고 괜찮게

2. 정답고, 환하게

3. ④
   ▶ '빌리다'에는 '남의 말이나 글을 따르다'라는 뜻도 있습니다.

[어휘 확장하기]

1. ③
   ▶ 글에 갈매기는 우리 인간들에게 친근한 새라고 나와 있습니다.

2. ③
   ▶ 눈과 귀가 쏠리다: 마음이 끌리어 열심히 듣거나 보다
   눈 가리고 아웅: 얕은 수로 남을 속이려 하다

3. 구렁이 담 넘어가듯
   ▶ 일을 분명히 처리하지 않고 슬그머니 얼버무림

[어휘와 만나기]

앓다	지지다	앓다투다	들어오다
남보다 잘하려고 경쟁적으로 애쓰다	열을 내는 것에 대어 찜질을 하다	병에 걸려 고통을 겪다	밖에서 안으로 오게 하다

(사다리 선은 예시 답안입니다.)

[어휘와 친해지기]

1. ① 속상하다 ② 기특하다 ③ 살펴보다

2. 출
   ▶ 출발: 목적지를 향하여 나아감
   출구: 밖으로 나갈 수 있는 통로

3. ① ㉡ ② ㉠

[어휘 공부하기]

1. 휴무
   ▶ 휴교: 학교가 학생을 가르치는 일을 잠시 쉬는 것
   휴식: 하던 일을 멈추고 잠깐 쉬는 것
   휴직: 일정 기간 동안 업무를 쉬는 것

2. 살펴
   ▶ 물어보다: 무언가를 알아내기 위해 상대편에게 묻다
   ▶ 거들떠보다: 알은체를 하거나 관심 있게 보다
   ▶ 바라보다: 어떤 대상을 바로 향하여 보다

3. ①
   ▶ '안타깝다'는 '뜻대로 되지 않거나 보기에 딱하여 가슴이 아프다'를 의미합니다.

[어휘 확장하기]

1. 휴업
   ▶ 글의 주요 내용을 글의 가장 앞에 썼습니다.

2. ①
   ▶ 치밀어 오르다: 기분이 언짢아 분한 마음이 복받쳐 오르다
   사공이 많으면 배가 산으로 간다: 여러 사람이 자기주장만 내세우면 일이 제대로 되지 않는다

3. ②
   ▶ 닭 잡아먹고 오리발 내민다: 자신의 잘못을 얼렁뚱땅 속여 넘기려 한다
   닭 쫓던 개 지붕 쳐다본다: 애써 하던 일이 실패로 돌아가다
   바늘 도둑이 소도둑 된다: 사소한 나쁜 일이 버릇이 되면 큰 죄를 저지른다
   똥 묻은 개가 겨 묻은 개 나무란다: 자기는 더 큰 흉이 있으면서 남의 작은 흉을 본다
   얌전한 고양이 부뚜막에 먼저 올라간다: 겉으로 얌전해 보이는 사람이 딴짓을 하거나 실속을 다 차린다

[어휘와 만나기]

① 떠올리다   ② 엎드리다   ③ 귀하다   ④ 조사하다

[어휘와 친해지기]

1. 꾸며냈다 – 지어냈다
   끊임없이 – 부단히
   ▶ 모양내다: 꾸미어 맵시를 내다
   　틈틈이: 겨를이 있을 때마다

2. ① 발탁된다   ② 상세하게
   ▶ 발탁되다: 여러 사람 가운데서 쓰일 사람이 뽑히다

3. ① 단서   ② 들이

[어휘 공부하기]

1. ④
   ▶ '단서'는 ②에 쓰인 것처럼 어떤 일의 시초라는 뜻도 있습니다.

2. ① ㉠   ② ㉡

3. ① 아주 보배롭고 소중한
   ② 바싹 갖다 대다

[어휘 확장하기]

1. 방언

2. 고양이
   ▶ 고양이 쥐 생각한다: 속으로는 해칠 마음을 품고 있으면서, 겉으로 생각해 주는 척한다
   　고양이 목에 방울 달기: 실행하기 어려운 것을 공연히 의논함
   　고양이에게 생선을 맡기다: 믿지 못할 사람에게 맡겨 놓고 마음이 놓이지 않아 걱정한다

3. ④
   ▶ 귀가 밝다: 소식이나 정보 따위에 빠르다
   　코를 빠뜨리다: 못 쓰게 만들거나 일을 망치다
   　혀를 내두르다: 몹시 놀라거나 어이없어서 말을 못하다
   　눈에 불을 켜다: 몹시 욕심을 내거나 관심을 기울이다
   　입에 거미줄 치다: 가난하여 먹지 못하고 오랫동안 굶다

[어휘와 만나기]

① 격조   ② 술술   ③ 경주   ④ 마비

[어휘와 친해지기]

1. ① 닳다   ② 새침데기   ③ 까슬까슬

닳	굉	닮	기	장
~~까~~	~~슬~~	~~까~~	~~슬~~	데
은	하	건	~~닳~~	~~다~~
굉	다	장	하	슬
~~새~~	~~침~~	~~데~~	~~기~~	까

2. ① 일리   ② 굉장한   ③ 따라잡았다
   ▶ 일치: 비교되는 대상들이 같거나 들어맞음
   　보잘것없다: 볼만한 가치가 없을 정도로 하찮다
   　바로잡다: 그릇된 일을 바르게 만들다

3. 자라날

[어휘 공부하기]

1. ① 슬슬   ② 솔솔   ③ 술술

2. ① ㉡   ② ㉠   ③ ㉠

3. 오늘은 토끼와 거북이의 달리기 <u>시합</u>이 있는 날이야.

[어휘 확장하기]

1. ③
   ▶ 서영이 대신 내가 마지막 주자로 시합에 참여했다고 두 번째 문장에 나와 있습니다.

2. ③

3. ①
   ▶ '따라다니다'는 '남의 뒤를 쫓아다니다'의 뜻입니다.

[어휘와 만나기]

① 아늑하다   ② 천적   ③ 기왕   ④ 낚아채다

[어휘와 친해지기]

1. 결
   ▶ 결판: 옳고 그름이나 이기고 짐에 대한 최후 판정을 내림

2. 자칫, 설마

3.

	비슷한 말	반대말
연약하다	가냘프다	튼튼하다
허물다	무너뜨리다	쌓다

[어휘 공부하기]

1. ④

2. 따뜻하고, 포근한

3. ②
   ▶ ②는 '건네다'를 쓰는 것이 적절합니다.
   ① 호랑이가 집주변을 어슬렁대다.
   ③ 어부가 물고기를 확 낚아채다.
   ④ 오토바이를 탄 도둑이 다른 사람의 가방을 낚아채다.

[어휘 확장하기]

1. ⑤
   ▶ 처음 살던 집은 늑대가 무너뜨렸어요.

2. ①
   ▶ 발을 빼다: 어떤 일에서 관계를 완전히 끊고 물러나다
   발 뻗고 자다: 마음 놓고 편히 자다

3. 귀
   ▶ 귀가 얇다: 남의 말을 쉽게 받아들이다
   귀가 어둡다: 남의 말을 잘 이해하지 못하거나 둔하다

[어휘와 만나기]

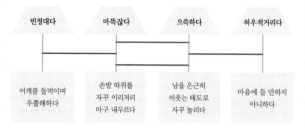

빈정대다	마뜩잖다	으쓱하다	허우적거리다
어깨를 들먹이며 우쭐해하다	손발 따위를 자꾸 이리저리 마구 내두르다	남을 은근히 비웃는 태도로 자꾸 놀리다	마음에 들 만하지 아니하다

(사다리 선은 예시 답안입니다.)

[어휘와 친해지기]

1. ① 비탈   ② 힐끔거리다   ③ 은인

2. 광
   ▶ 영광: 빛나고 아름다운 영예

3. ① ㉡   ② ㉠

[어휘 공부하기]

1. 떠받들기
   ▶ '비꼬기, 놀리기, 조롱하기'는 모두 상대방에게 빈정거릴 때 사용합니다. '떠받들기'는 소중하게 다룰 때 사용합니다.

2. 질색
   ▶ 질척: 진흙이나 반죽 따위가 물기가 매우 많아 차지고 진 느낌
   화색: 얼굴에 드러나는 온화하고 환한 빛
   변색: 빛깔이 변하여 달라짐

3. ③
   ▶ 교묘하게: 솜씨나 재주 따위가 재치 있게 약삭빠르고 묘하게
   허무맹랑하다: 터무니없이 거짓되고 실속이 없다

[어휘 확장하기]

1. 광경

2. ②
   ▶ ②는 믿고 있던 사람이 배반하여 오히려 해를 입음을 나타낼 때 쓰는 속담입니다.

▶ 고래 싸움에 새우 등 터진다: 강한 자들끼리 싸울 때 상관없는 약한 자가 중간에서 피해를 입다

낫 놓고 기역 자도 모른다: 사람이 글자를 모르거나 지식이 얕다

3. ⑤

▶ ⑤ '등잔 밑이 어둡다'는 '가까이에 있는 것을 알아보지 못한다'는 의미입니다.

세 살 버릇 여든까지 간다: 어릴 때 몸에 밴 버릇은 쉽게 고쳐지지 않는다

하루 세끼 밥 먹듯: 아주 당연한 일로 생각함

하나를 보면 열을 안다: 일부만 봐도 전체를 알 수 있다

하나만 알고 둘은 모른다: 하나만 보고 주변을 둘러보지 못하고 융통성이 없다

[어휘와 만나기]

① 설렌다   ② 주요   ③ 소개   ④ 다양

[어휘와 친해지기]

1. 관
   ▶ 관찰: 사물이나 현상을 주의하여 살펴봄

2. 모습, 생생한

3.

	비슷한 말	반대말
떠오르다	솟아오르다	지다
확대	확장	축소

[어휘 공부하기]

1. ①
   ▶ 중개: 제삼자로서 두 당사자 사이에서 일을 주선함
   예) 공인중개사는 집을 사는 사람과 파는 사람의 의견을 조율한다.
   알선: 남의 일이 잘 되도록 주선함
   천거: 어떤 일에 필요한 사람을 그 자리에 쓰도록 추천함

2. 들떠서, 두근거리다

3. ①
   ▶ ②, ④, ⑤는 '기억이 되살아나거나 잘 구상되지 않던 생각이 나다'는 뜻으로 쓰였습니다.
   ③은 '얼굴에 어떤 표정이 나타나다'는 뜻으로 쓰였습니다.

[어휘 확장하기]

1. ⑤
   ▶ 글에서는 일출의 주요 관람객들은 가족 단위 내국인들이라고 말하고 있습니다.

2. ②
   ▶ 발이 뜸하다: 자주 다니다가 한동안 왕래가 없다
   발이 빠르다: 동작이나 대응이 빠르다

3. 소개

[어휘와 만나기]

보존	지정	고유	우수성
어떤 것에 특정한 자격이 주어짐	본래부터 가지고 있어 특유한 것	잘 보호하고 간수하여 남김	여럿 가운데 뛰어난 특성

(사다리 선은 예시 답안입니다.)

[어휘와 친해지기]

1. ① 계승 ② 발달 ③ 존중

2. 근
   ▶ 근교: 도시 가까운 변두리에 있는 마을이나 들

3. ① ㉠ ② ㉡

[어휘 공부하기]

1. 자취
   ▶ '성과, 공적, 공로'는 모두 이루어낸 결과를 뜻합니다. '자취'
   는 '어떤 것이 남긴 표시나 자리'를 뜻합니다.

2. 지정
   ▶ 규정: 규칙으로 정함
   지목: 사람이나 사물을 가리켜 정함
   제한: 한도를 정하거나 한도를 넘지 못하게 막음

3. ③
   ▶ 필연성은 '결과가 반드시 그렇게 될 수밖에 없음'을 뜻합
   니다.

[어휘 확장하기]

1. 존중

2. 소
   ▶ 소 잃고 외양간 고친다: 일이 잘못된 뒤에는 손을 써도 소용
   이 없다
   소 닭 보듯: 마주보고도 모른 체하다
   바늘 도둑이 소도둑 된다: 사소한 나쁜 일도 버릇이 되면 나
   중에 큰 죄를 저지른다

3. ①
   ▶ 그림의 떡: 아무리 마음에 들어도 가질 수 없다는 뜻
   돌다리도 두들겨 보고 건너라: 잘 아는 일이라도 세심하게
   주의하라는 뜻

[어휘와 만나기]

① 출장　② 행사　③ 유원지　④ 수신호

[어휘와 친해지기]

1. 운반한다 – 운송한다, 동시에 – 한꺼번에

2. ① 완만한　② 희미하게
   ▶ 완만한: 경사가 급하지 않은
   희미하게: 분명하지 못하고 어렴풋하게

3. ① 답사　② 유원지

[어휘 공부하기]

1. ②, ④
   ▶ ②에는 '출전'이 적절합니다. '출전'은 시합이나 경기 따위에 나감'이라는 뜻입니다.
   ④에는 '출세(出世)'가 적절합니다. 출세는 '사회적으로 높은 지위에 오르거나 유명하게 됨'이라는 뜻입니다.

2. ① ㉡　② ㉠

3. ① 산이나 길이 몹시 기울어져 있는
   ② 손으로 하는 신호

[어휘 확장하기]

1. 동시

2. ①
   ▶ 손 안 대고 코 풀기: 일을 힘 안들이고 아주 쉽게 함
   발 없는 말이 천 리 간다: 말을 신중하게 해야 한다
   언 발에 오줌 누기: 일시적인 효과는 있지만 결국 사태가 더 나빠짐
   내 코가 석 자: 내 사정이 어려워 남을 돌볼 여유가 없음
   누워서 떡 먹기: 하기가 매우 쉬운 일

3. ①
   ▶ 물로 보다: 사람을 하찮게 보거나 쉽게 생각하다
   물을 끼얹은 듯: 많은 사람이 갑자기 조용해지다
   물이 오르다: (재능이나 능력이) 완숙해지다
   물 만난 고기: 어려운 상황에서 벗어나 크게 활약할 판을 만난 처지

[어휘와 만나기]

① 지명　② 접수　③ 신고　④ 의논

[어휘와 친해지기]

1. ① 옮기다　② 번갈아　③ 나날이

옮	가	다	번	옮
다	나	날	아	기
등	호	변	갈	다
기	날	나	아	이
번	갈	아	날	번

2. ① 특색　② 인식　③ 주행
   ▶ 탐색: 드러나지 않은 사물이나 현상을 찾아내거나 밝히기 위하여 살피어 찾음
   인정: 확실히 그렇다고 여김
   기행: 여행하는 동안에 보고, 듣고, 느끼고, 겪은 것을 적은 것

3. 감지

[어휘 공부하기]

1. ① 지점　② 지정　③ 지명

2. ① ㉠　② ㉠　③ ㉡

3. 우리 회사에서 나와 김 대리는 <u>교대로</u> 근무한다.
   ▶ 이따금: 얼마쯤씩 있다가 가끔

[어휘 확장하기]

1. ④
   ▶ 자율 주행 자동차는 우리의 생활을 편리하게 한다고 글에 나옵니다.

2. ①

3. ⑤
   ▶ 처벌: 형벌에 처함

[어휘와 만나기]

① 처지   ② 불평   ③ 참된   ④ 달래다

[어휘와 친해지기]

1. 화

▶ 화해: 싸움하던 것을 멈추고 안 좋은 감정을 풀어 없앰

온화하다: 성격·태도 등이 온순하고 부드럽다

2. 인내, 고비

3.

	비슷한 말	반대말
근면	부지런함	나태
맞이하다	환영하다	바래다주다
소중하다	귀중하다	천하다

[어휘 공부하기]

1. ④

▶ 지위: 개인의 사회적 신분에 따르는 위치나 자리

품위: 사람이 갖추어야 할 위엄이나 기품

2. 중요한, 막다른

3. ③

▶ ③은 '달래다'를 쓰는 것이 적절합니다.

① 나무꾼은 선녀를 아내로 맞이했다.

② 철수네 가족은 웃음이 끊이지 않고 화목하다.

③ 엉엉 우는 아이를 달랬다.

④ 우리 민족은 8월 15일에 광복을 맞이했다.

[어휘 확장하기]

1. ②

▶ 실제로 국민들은 독립운동가들에게 음식과 돈을 지원하기
도 했습니다. 하지만 글에서는 해당 내용을 찾아볼 수 없습
니다.

2. ①

▶ 목이 빠지게 기다리다: 몹시 안타깝게 기다리다

목을 움츠리다: 겁을 먹다

목을 뻣뻣이 세우다: 거만하게 굴거나 남을 깔보는 듯한 태

도를 취하다

3. 물

▶ 윗물이 맑아야 아랫물이 맑다: 윗사람이 잘하면 아랫사람
도 따라서 잘하게 된다

칼로 물 베기: 다투었다가도 시간이 지나면 곧 사이가 좋아
진다

물에 빠지면 지푸라기라도 움켜쥔다: 위급한 일이 생기면
무엇이든 잡고 늘어지게 된다

[어휘와 만나기]

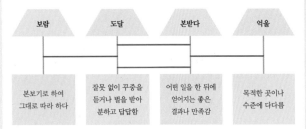

(사다리 선은 예시 답안입니다.)

[어휘와 친해지기]

1. 꾸지람, 격려, 베끼다

2. 보
   ▶ 보충: 부족한 것을 보태어 채움
   보습: 학습이 부족한 교과를 다시 보충하여 익힘

3. ① ㉠ ② ㉡

[어휘 공부하기]

1. 후련해
   ▶ '뾰로통하다, 시큰둥하다, 떨떠름하다'는 모두 무언가 만족
   스럽지 못할 때 씁니다. '후련하다'는 '답답하거나 갑갑하
   여 언짢던 것이 풀려 마음이 시원하다'의 의미로 씁니다.

2. 격려
   ▶ 격멸: 전쟁이나 전투 따위에서 적을 없앰
   격식: 격에 맞는 일정한 방식
   고려: 생각하고 헤아려 봄

3. ③
   ▶ '꾸준함'은 '한결같이 부지런하고 끈기가 있음'을 뜻합니다.
   '베어서'는 날이 있는 물건으로 상처를 낼 때 씁니다.

[어휘 확장하기]

1. 꾸지람

2. ①
   ▶ ①은 '아무 잘못 없지만 괜히 의심 받을까 봐 조심하게 된
   다'는 뜻입니다.
   배보다 배꼽이 더 크다: 기본이 되는 것보다 덧붙이는 것이
   더 크다

사촌이 땅을 사면 배가 아프다: 남이 잘되는 것을 기뻐하지
않고 질투하고 시기한다
남의 잔치에 감 놓아라 배 놓아라 한다: 남의 일에 공연히
간섭하고 나선다

3. ③
   ▶ ③은 '꿩 대신 닭'입니다.
   서당 개 3년이면 풍월을 읊는다: 어떤 분야에 지식이 전혀
   없어도 그 분야에 오래 있으면 지식이 쌓인다
   개 팔자가 상팔자: 놀고 있는 개가 부럽다는 뜻으로, 매우
   힘들 때 푸념하며 쓰는 말
   개같이 벌어서 정승같이 쓴다: 악착같이 돈을 벌어 떳떳하
   고 보람 있게 쓴다
   똥 묻은 개가 겨 묻은 개 나무란다: 본인은 더 큰 흉이 있으
   면서 도리어 남의 작은 흉을 본다

19. 배추흰나비의 한살이

[어휘와 만나기]

① 오물 ② 허물 ③ 청결 ④ 재다

[어휘와 친해지기]

1. 주의 – 조심, 흔적 – 자취

2. ① 회유 ② 변신
   ▶ 점유: 물건이나 영역, 지위 등을 차지함
   회유: 어르고 잘 달래어 시키는 말을 듣도록 함
   변신: 몸의 모양이나 태도를 바꿈

3. ① 사육 ② 재다

[어휘 공부하기]

1. ④
   ▶ ④에는 '허락(許諾)'이 적절합니다. '허락'은 '청하는 일을 하도록 들어줌'이라는 뜻입니다.

2. ① ㉠ ② ㉡

3. ① 마음에 새겨 두고 조심함
   ② 지저분하고 더러운 물건

[어휘 확장하기]

1. 흔적

2. 새
   ▶ 새 발의 피: 아주 하찮은 일이나 극히 적은 분량
   눈코 뜰 새 없이: 정신 못 차리게 몹시 바쁜
   낮말은 새가 듣고 밤말은 쥐가 듣는다: 아무도 안 듣는 데서라도 말조심해야 한다

3. ⑤
   ▶ 선아와 한새가 다투는데 구영이는 말리지 않고 다른 친구에게 말을 겁니다. 이 상황에서 할 수 있는 말은 ⑤번 '자신과 관계없는 일이라고 지켜보기만 한다'라는 뜻의 '강 건너 불구경만 하다'가 적절합니다.
   불을 지피다: 하던 일이 더 커지게 만들다
   불꽃이 튀다: 매우 치열하다
   불 보듯이 뻔하다: 앞으로 일어날 일이 의심할 여지없이 명백하다
   맞불을 놓다: 상대방과 같은 수단을 사용하다

20. 닭을 기를 수 있어요!

[어휘와 만나기]

① 꽂다 ② 세다 ③ 짐작 ④ 설계

[어휘와 친해지기]

1. ① 부화 ② 모이 ③ 엉기다

반	영	한	모	보
부	기	솔	하	엉
응	다	이	부	이
단	무	기	화	다
모	이	화	보	환

2. ① 표면 ② 공예 ③ 낳았다
   ▶ 나았다: 병이나 상처가 고쳐져 원래대로 되다

3. 명상
   ▶ 명상: 고요히 눈을 감고 깊이 생각함

[어휘 공부하기]

1. ① 짐작 ② 수작 ③ 참작

2. ① ㉡ ② ㉠ ③ ㉢

3. 찐득찐득한 액체가 뒤섞여 하나로 <u>뭉쳤다.</u>

[어휘 확장하기]

1. ③
   ▶ 서로 엉기게 밀가루에 달걀흰자를 넣는다는 내용이 글에 나옵니다.

2. ①

3. ①
   ▶ 무예: 무술에 관한 재주
   배다: 배 속에 아이나 새끼를 가지다

단어 한눈에 보기 — 한자어도 함께 알아보세요!

국어

1. 대한민국은 우리가 지킨다

경계 警戒	사고가 생기지 않도록 조심함
공통점 共通點	여럿 사이에 두루 통하고 관계됨
기초 基礎	사물이나 일의 기본
기호 嗜好	즐기고 좋아함
싣다	물체나 사람을 탈것에 올리다
쓰임새	돈이나 물건을 실제로 사용하는 정도
으스스하다	몸에 닿을 때 소름이 돋는 느낌이 있다
중심 中心	확고한 주관이나 줏대
차림새	옷이나 물건을 입거나 꾸며 갖춘 모양
형태 形態	사물의 생김새나 모양

2. 깨끗한 내 책상을 만들자

깔끔	매끈하고 깨끗함
나누다	여러 가지가 섞인 것을 구분하여 분류하다
뒤죽박죽	뒤섞여 엉망이 된 모양 또는 상태
문제 問題	해결하기 어려운 일
버리다	필요 없는 물건을 내던지거나 쏟다
불편 不便	어떤 것을 사용하는 것이 어려움
상상 想像	경험하지 않은 일을 마음속으로 그려 봄
쌓이다	물건이 포개어 얹어 놓이다

종류 種類	사물을 나누는 갈래
지저분하다	정돈되지 않고 어수선하다

3. 식물을 가꿀 수 있어요

가꾸다	식물을 손질하고 보살피다
궁리(窮理)하다	이리저리 따져 깊게 생각하다
독성 毒性	독이 있는 성분
무심(無心)코	아무런 뜻이나 생각이 없이
분리 分離	서로 나뉘어 떨어짐
식용 食用	먹을 것으로 씀
재배 栽培	식물을 심어 가꿈
조상 祖上	자기 세대 이전의 모든 세대
천연 天然	사람의 힘을 가하지 않은 상태
탐(貪)스럽다	보기 좋고 끌리는 데가 있다

4. 오늘 우리 반 이야기

말참견(參見)	다른 사람이 말하는데 끼어들어 말함
무례(無禮)하다	태도나 말에 예의가 없다
믿음	어떤 사실이나 사람을 믿는 마음
습관 習慣	오랫동안 되풀이해 저절로 익혀진 행동 방식
어이없다	너무 뜻밖이어서 기가 막히다
영리(恰悧)하다	눈치가 빠르고 똑똑하다
인(人)기척	사람이 있음을 알게 하는 소리나 기척

파악(把握)하다	내용이나 본질을 확실하게 이해하여 알다
팻(牌)말	알리기 위한 글을 써 놓은 조각
활기(活氣)차다	힘이 넘치고 생기가 가득하다

5. 신나는 체험 학습

발생 發生	어떤 일이나 사물이 생겨남
살금살금	알아차리지 못하도록 살며시 행동하는 모양
삼가다	몸가짐이나 말을 조심하다
서약 誓約	맹세하고 약속함
수심 水深	물의 깊이
신비 神祕	신기하고 묘한 느낌
안내문 案內文	내용을 소개하여 알려 주는 글
인상 人相	사람 얼굴의 생김새
헤매다	갈 곳을 몰라 이리저리 돌아다니다
황홀(恍惚)하다	눈이 부실 정도로 찬란하거나 화려하다

6. 두근두근 학급 전시회

가리키다	손가락으로 어떤 방향이나 대상을 집어서 보여주거나 말하다
고이다	입에 침이 모이거나 눈에 눈물이 어리다
너머	높이나 경계로 가로막은 사물의 저쪽
당기다	힘을 주어 일정한 방향으로 가까이 오게 하다
독특(獨特)하다	특별하게 다르다
알쏭달쏭	얼른 분간이 안 되는 모양

어엿하다	행동이 거리낌 없이 당당하다
장면 場面	어떤 장소에서 발생한 광경
전시 展示	여러 물품을 한곳에 벌여 놓고 보임
초청 招請	사람을 청하여 부름

7. 부둣가의 갈매기

구수하다	보리차, 숭늉에서 나는 맛이나 냄새와 같다
무리	사람이나 짐승, 사물이 모여 뭉친 한 동아리
부둣(埠頭)가	부두가 있는 근처
빌리다	남의 물건이나 돈을 얼마 동안 쓰다
서식지 棲息地	생물이 일정한 곳에 자리를 잡고 사는 곳
싱글벙글	소리 없이 정답고 환하게 웃는 모양
요령 要領	일을 하는 데 꼭 필요한 묘한 이치
저절로	자기 스스로 또는 자연적으로
짭조름하다	조금 짠맛이 있다
친근(親近)하다	사귀어 지내는 사이가 아주 가깝다

8. 일일 엄마 프로젝트

기원 祈願	바라는 일이 이루어지기를 빎
기특(奇特)하다	말이나 행동이 신통하여 귀염성이 있다
들어오다	밖에서 안으로 오게 하다
살펴보다	두루두루 자세히 보다
속상(傷)하다	화가 나거나 걱정되어 마음이 불편하고 우울하다

앓다	병에 걸려 고통을 겪다
앞다투다	남보다 잘하려고 경쟁적으로 애쓰다
지지다	열을 내는 것에 대어 찜질을 하다
출근 出勤	일터로 근무하러 나감
휴업 休業	사업이나 작업을 일시적으로 중단하고 쉼

닳다	오래 쓰여서 물건이 낡아지거나 두께, 크기가 줄어들다
따라잡다	앞선 것에 가까이 가서 나란히 되다
마비 痲痺	신경이나 근육이 형태의 변화 없이 기능을 잃어버림
새침데기	새침한 성격을 지닌 사람
술술	말이나 글이 막힘없이 잘 나오거나 써지는 모양
일리 一理	그런대로 타당하다고 여겨지는 이치

9. 사건의 재구성

간추리다	중요한 점만을 골라 간략하게 정리하다
귀(貴)하다	아주 보배롭고 소중하다
꾸미다	거짓이나 없는 것을 사실인 것처럼 지어내다
끊임없이	계속하거나 이어져 있던 것이 끊이지 않게
단서 端緒	문제를 해결하는 방향으로 이끌어가는 첫 부분
들이밀다	바싹 갖다 대다
물들다	어떤 환경이나 사상 따위를 닮아 가다
방언 方言	어느 한 지방에서만 쓰는 표준어가 아닌 말
엎드리다	상반신을 아래로 굽히거나 바닥에 대다
조사(調査)하다	내용을 알기 위해 자세히 살펴보거나 찾아보다

10. 꿈같은 달리기 시합

격조 格調	사람의 품격과 취향
경주 競走	일정한 거리를 달려 빠르기를 겨루는 일
굉장(宏壯)하다	아주 크고 훌륭하다
까슬까슬	매끄럽지 않고 까칠하거나 빳빳한 모양

국어 활동

11. 꿀꿀 아기 돼지 삼 형제

결심 決心	할 일에 대하여 어떻게 하기로 마음을 굳게 정함
기왕 旣往	이미 그렇게 된 바에
낚아채다	무엇을 갑자기 세차게 잡아당기다
설마	그럴 일은 없겠지만
아늑하다	따뜻하고 포근한 느낌이 있다
어슬렁대다	큰 사람이나 짐승이 몸을 조금 흔들며 걸어 다니다
연약(軟弱)하다	무르고 약하다
자칫	어쩌다가 조금 어긋남
천적 天敵	잡아먹히는 생물에 대하여 잡아먹는 생물
허물다	지어져 있는 것을 헐어서 무너지게 하다

12. 위험한 장난은 안 돼요

광경 光景	벌어진 일의 형편과 모양
마뜩잖다	마음에 들 만하지 아니하다
비탈	산이나 언덕 따위가 기울어진 상태나 정도
빈정대다	남을 은근히 비웃는 태도로 자꾸 놀리다
으쓱하다	어깨를 들먹으며 우쭐해하다
은인 恩人	자신에게 은혜를 베푼 사람
질색 窒塞	몹시 싫어하거나 꺼림
파하다	어떤 일을 마치거나 그만두다
허우적거리다	손발 따위를 자꾸 이리저리 마구 내두르다
힐끔거리다	가볍게 곁눈질하여 자꾸 슬쩍슬쩍 쳐다보다

사회

13. 새해 첫 일출

관측 觀測	육안이나 기계로 천체나 기상을 관찰하고 측정함
높다	아래에서 위까지의 길이가 길다
다양 多樣	모양, 빛깔, 형태가 여러 가지로 많음
떠오르다	솟아서 위로 오르다
모습	자연이나 사물 따위의 겉으로 나타난 모양

생생하다	바로 눈앞에 보는 것처럼 명백하고 또렷하다
설레다	마음이 들떠서 두근거리다
소개 紹介	모르는 사실이나 내용을 잘 알도록 설명함
주요 主要	주되고 중요함
확대 擴大	모양이나 규모를 더 크게 함

14. 우리의 문화유산을 사랑해요

계승 繼承	조상의 전통이나 문화유산을 물려받아 이어 나감
고유 固有	본래부터 가지고 있어 특유한 것
근처 近處	가까운 곳
발달 發達	학문, 기술, 사회 등이 보다 높은 수준에 이름
보존 保存	잘 보호하고 간수하여 남김
업적 業績	어떤 사업이나 연구 따위에서 세운 공적
우수성 優秀性	여럿 가운데 뛰어난 특성
유산 遺産	앞 세대가 물려준 사물 또는 문화
존중 尊重	높이어 귀중하게 대함
지정 指定	어떤 것에 특정한 자격이 주어짐

15. 유원지 사전 답사 가는 길

가파르다	산이나 길이 몹시 기울어져 있다
답사 踏査	현장에 가서 직접 보고 조사함
동시 同時	같은 때나 시기

분명 分明	어떤 사실이 틀림이 없이 확실하게
수신호 手信號	손으로 하는 신호
운반 運搬	물건 따위를 옮겨 나름
유원지 遊園地	돌아다니며 놀기 위하여 여러 가지 설비를 갖춘 곳
이해 理解	남의 사정을 잘 헤아려 너그러이 받아들임
출장 出張	용무를 위하여 임시로 다른 곳으로 나감
행사 行事	어떤 일을 시행함

16. 4차 산업혁명 시대! 새로운 도전

나날이	매일매일 조금씩
번(番)갈아	하나씩 하나씩 차례대로 바꾸어서
신고 申告	행정 관청에 일정한 사실을 진술·보고함
옮기다	어떤 곳에서 다른 곳으로 자리를 바꾸게 하다
의논 議論	어떤 일에 대하여 서로 의견을 주고받음
인식 認識	사물을 분별하고 판단하여 앎
접수 接受	신청이나 신고를 말이나 문서로 받음
주행 走行	주로 동력으로 움직이는 자동차나 열차 따위가 달림
지명 指名	여러 사람 가운데 누구의 이름을 지정하여 가리킴
특색 特色	보통의 것과 다른 점

17. 대한 독립 만세!

고비	가장 중요한 단계나 대목 또는 막다른 절정
근면 勤勉	부지런히 일하며 힘씀
달래다	어르거나 타일러 기분을 가라앉히다
맞이하다	오는 것을 맞다
불평 不平	마음에 들지 아니하여 못마땅하게 여김
소중(所重)하다	매우 귀중하다
인내 忍耐	괴로움이나 어려움을 참고 견딤
참된	진실하고 올바른
처지 處地	처하여 있는 사정이나 형편
화목 和睦	서로 뜻이 맞고 정다움

18. 부정행위 오해 사건

격려 激勵	용기나 의욕이 솟아나도록 북돋워 줌
꾸지람	아랫사람의 잘못을 꾸짖는 말
도달 到達	목적한 곳이나 수준에 다다름
되새기다	지난 일을 다시 떠올려 골똘히 생각하다
베끼다	글이나 그림 등을 원본 그대로 옮겨 쓰거나 그리다
보람	어떤 일을 한 뒤에 얻어지는 좋은 결과나 만족감
보완 補完	모자라거나 부족한 것을 보충하여 완전하게 함
본(本)받다	본보기로 하여 그대로 따라 하다

시무룩하다	못마땅하여 말이 없고 얼굴에 언짢은 기색이 있다
억울 抑鬱	잘못 없이 꾸중을 듣거나 벌을 받아 분하고 답답함

부화 孵化	동물의 알 속에서 새끼가 껍데기를 깨고 밖으로 나옴
설계 設計	기계 제작 등에서 실제적인 계획을 세워 도면에 명시하는 일
세다	사물의 수를 헤아리거나 꼽다
엉기다	점성이 있는 액체나 가루가 한 덩어리가 되며 굳어지다
짐작 斟酌	사정이나 형편 따위를 어림잡아 헤아림
표면 表面	사물의 가장 바깥쪽 또는 윗부분

과학

19. 배추흰나비의 한살이

변화 變化	사물의 성질, 모양, 상태 등이 바뀌어 달라짐
사육 飼育	어린 가축이나 짐승이 자라도록 먹이어 기름
어림	대강 짐작으로 헤아림
오물 汚物	쓰레기나 배설물 등의 지저분하고 더러운 물건
재다	자, 저울 등으로 길이, 너비, 높이 등의 정도를 알아보다
주의 注意	마음에 새겨 두고 조심함
차지	사물이나 공간, 지위 등을 자기 몫으로 가짐
청결 淸潔	맑고 깨끗함
허물	파충류, 곤충류가 자라면서 벗는 껍질
흔적 痕跡	현상이나 실체가 없어지거나 지나간 뒤 남은 자국이나 자취

20. 닭을 기를 수 있어요!

공예 工藝	물건을 만드는 기술에 관한 재주
꽂다	쓰러지거나 빠지지 않게 박아 세우거나 끼우다
낳다	배 속의 아이, 새끼, 알을 몸 밖으로 내놓다
모이	닭이나 날짐승의 먹이